「ストウブ」で和食を！
早く煮えてうまみたっぷり

今泉久美

文化出版局

目次

10 「ストウブ」について

11 「だし」のとり方について 一番だし／二番だし／水だし

「ストウブ」は煮炊きが得意です
蒸すように煮て、うまみを封じ込めます

4 肉じゃが

食卓で「ストウブ」を囲みませんか
高い保温力であつあつの状態が長く続きます

6 ひっぱりうどん

二つの「ストウブ」で作る献立はいかが
ご飯と豚汁だけでも満足感が違います

8 ご飯、豚汁

蒸し煮
蒸すように煮てうまみを封じ込める

12 山形のいも煮風
14 鶏肉の信田巻き
15 鶏だんごと根菜の煮物
16 かぼちゃのそぼろあんかけ
17 なすと豚バラ肉のしょうが煮
18 さばと昆布の山椒煮
19 きんめ鯛と豆腐の煮物
20 いかと里芋の煮物
21 塩ぶり大根
22 たけのことふきの煮物
23 えび芋の煮物／えび芋のから揚げ
24 にんじんの甘煮
25 蓮根のさっぱり煮
25 手綱こんにゃく
26 しいたけのこっくり甘煮
26 ぜんまいの煮物／ぜんまいの白あえ
28 五目豆
29 おたふく豆

なべ物と汁物
「ストウブ」を食卓で楽しむ

30 トマト入りおでん／なべあと汁かけご飯
32 すきやき
33 ひき肉のすきやき風
34 鴨なべ／なべあとそばがき
35 ししなべ
36 揚げうどん入り海鮮なべ
38 ほうとう
39 鮭のかす汁

蒸焼き
短時間で火が通ってふっくら仕上がる

40 鶏の照焼き／きじ丼
42 豚肉の塩こうじ焼き
43 鮭のチャンチャン焼き
44 菜の花の蒸焼き
44 焼きねぎ
45 さつまいもの蒸焼き
45 磯辺餅

じか蒸し
なべの中で循環する蒸気に包んで

- 46 お楽しみ蒸し
- 48 さわらとせん切り野菜蒸し
- 49 いわしの梅肉蒸し
- 50 うなぎの蒸しずし
- 51 和風かにシュウマイ

揚げる
温度が一定に保たれている油で

- 52 揚出し豆腐
- 53 かき揚げ
- 53 まいたけとベーコンのてんぷら

米を炊く
重いふたの圧力でもちもちに

- 54 さばの棒ずし
- 56 たけのこご飯
- 56 桜えびとグリーンピースご飯
- 58 まつたけご飯
- 59 さんまの炊込みご飯
- 59 鶏肉とごぼうのおこわ
- 59 栗おこわ
- 62 かにの炊込みご飯
- 62 しらすと高菜の混ぜご飯
- 62 小豆がゆ
- 63 おかゆ

献立
二つの「ストウブ」で作る

春、おもてなしの献立
- 66 菜の花漬け
- 66 沢煮椀
- 67 鯛飯

夏、暑気払いの献立
- 70 きゅうりとわかめの酢の物
- 70 あじフライ
- 71 とうもろこしと枝豆のご飯

秋、行楽のお弁当
- 74 鶏手羽の揚げ漬け
- 74 根菜の煮物
- 75 おにぎり2種

冬、団欒の日の献立
- 78 春菊のサラダ
- 79 ステーキカレー
- 79 バターライス
- 79 切干し大根のしょうが漬け

甘味
ほうろう製だから果実煮にも最適

- 82 栗の渋皮煮
- 84 桃ジャムと甘酒アイス
- 84 いちじくの日本酒煮
- 85 ゆずの甘露煮
- 85 山芋のきんとん
- 7 温泉卵
- 57 のりのつくだ煮
- 65 たけのこのゆで方
- 65 きゃらぶき
- 87 ゆずの甘露煮の副産物
  化粧水／ぽん酢しょうゆ／ゆずこしょう

本書の決り

- 塩は天然塩、砂糖は上白糖を使用しています。
- 油は好みの植物油を使ってください。
- 野菜はよく水で洗ってください。にんじん、大根、じゃがいも、蓮根は皮をむきます。ごぼうはたわしなどでよく洗い、皮つきのまま調理します。
- 1カップは200㎖、1合は180㎖、大さじ1は15㎖、小さじ1は5㎖。
- 「加熱時間」はガスこんろで調理したときの目安で加えます。下ゆでなど「ストウブ」以外のなべを使った時間は除きます。また「放置時間」は火を止めてふたを閉めた状態でおき、余熱で調理をするものです。
- IHの場合は誤差が出ますので調節してください。

「ストウブ」は煮炊きが得意です

蒸すように煮て、うまみを封じ込めます

ほうろうの鋳物なべ「ストウブ」は煮炊きが得意です。抜群の熱伝導と密閉度の高さによって、わずかな量の煮汁で煮物をしっとり、早く煮上げます。一度沸騰すれば弱火にしても煮立ちはそのまま。なべの中では蒸気が効率よく循環して、まるで蒸すように煮るため、素材のうまみが封じ込められます。また、余熱がきくので火を止めてからも調理が進み、味がじんわりとしみ込んでいきます。おなじみの肉じゃがも、肉はしっとりと、じゃがいもはほくほくとして、いつもよりぐっと味わいが深まっているはずです。

肉じゃが

加熱時間 20〜25分 ▼ 放置時間 5分

牛肉に下味をつけてから煮るとうまみはそのままに、やわらかく仕上がります。

材料：4人分　口径22cmのラウンド

牛肉(切落し)……150g

酒、砂糖……各大さじ1

玉ねぎ(くし形切り)……1個分(200g)

にんじん(1cm厚さの半月切り)……1本分(150g)

じゃがいも(半分に切る)……小4個分(450〜500g)

油……大さじ1

A ┌ だし汁……1½カップ
　├ 酒……大さじ2
　└ 砂糖……大さじ1

しょうゆ……大さじ2½

1 牛肉に酒、砂糖をからめて下味をつける。

2 なべに油を中火で熱し、玉ねぎ、にんじんをいためる。油をなじませたら1の牛肉を加えて色が変わるまでいため(写真)、Aを加えて煮立てる。あくをすくい、じゃがいもをのせてふたをし、中火弱で10分煮る。

3 しょうゆを加えて上下を返し、ふたをし、じゃがいもに火が通るまで5分煮て火を止め、5分ほどおいて器に盛る。

食卓で「ストウブ」を囲みませんか
高い保温力であつあつの状態が長く続きます

＊温泉卵
口径16cmのなべに水3½カップを入れて火にかけ、沸騰したら火を止めて、こんろからはずす。水½カップを加え、卵を静かに入れてふたをし、40分から1時間おく。卵が大きければ長めに。

ひっぱりうどん

加熱時間 17分 ▼ 放置時間 2分

汁物やなべ物などお代りをしながら、その温かさを楽しみたいときには、保温力の高い「ストウブ」がぴったりです。実用性はもちろん、デザインがしゃれているから、テーブルに置いてもさまになります。週末などのお昼ご飯に、「ストウブ」を囲んで、ゆでたてのうどんを楽しんでみませんか。ご紹介するひっぱりうどんは、いわゆる釜揚げうどん。それぞれがお椀に薬味や卵を入れてうどんをとり、生じょうゆをかけていただきます。うどんのゆで汁で味を調節してもOKです。あつあつを召し上がれ。

1 なべに分量の水を沸かし、うどんを入れて混ぜる（**a**）。沸騰する火加減でゆで、1～2分早く火を止めて、ふたをして（**b**）2分ほど蒸らす。なべごと食卓に出す。

2 お椀に好みの薬味や温泉卵を入れ、うどんをとって、生じょうゆをかけていただく。

■ 温泉卵などの代りに生卵、納豆やさば缶、ツナ缶などを入れてもいいし、かき揚げを用意して、めんつゆでいただいてもいい。

材料：3～4人分　口径24cmのラウンド
うどん（乾めん。11分ゆでのもの）……300g
水……2ℓ
温泉卵＊……4個
しょうゆ……適宜
薬味
　おろししょうが、万能ねぎの小口切り、
　　削りがつお、もみのり、ひねりごま……各適宜

二つの「ストウブ」で作る
献立はいかが
ご飯と豚汁だけでも
満足感が違います

「ストウブ」は煮る、焼く、蒸す、炊くなど、どんな調理にも向いていて、仕上がりの美しさ、おいしさも抜群。二つ目の「ストウブ」を手に入れたら、献立作りに活用してみませんか。小さめのほうではご飯を炊いたり、揚げ物を揚げたり。もう一方では煮物や汁物、蒸し物などを作ったり。いつもの和食が見た目も味もグレードアップするので、おすすめです。改めておいしいご飯の炊き方と、豚汁の作り方をご紹介します。いつもの味がしみじみとおいしく感じられることでしょう。

ご飯

加熱時間 15分 ▼ 放置時間 10分

材料：4人分
口径20cmのラウンド
米……2合（360㎖）
水……2カップ（400㎖）

1 米は洗ってざるに上げ、ラップフィルムをかけて30分おく。

2 なべに1を入れ、分量の水を加えて表面を平らにする。ふたをずらしてのせ、中火にかける。煮立ったらふたをして（a）、そのままの火加減で1〜2分、ふたの間からふくまで中火で炊き（b）、弱火にして9〜10分炊いて火を止める。10分ほど蒸らし、さっくりと混ぜる。

■ 長めに加熱すると米はやわらかく炊ける。

豚汁

加熱時間 17分

野菜を蒸らしにして甘みを引き出します。じゃがいもの代りに、里芋を加えてもおいしい。

材料：4〜5人分
口径22cmのラウンド
豚肩ロース肉
　（しょうが焼き用）……100g
酒……大さじ1
ごぼう……30g
大根……5〜6cm
こんにゃく……1/3枚
にんじん……小1本
玉ねぎ……1/2個
じゃがいも……2個
油……大さじ1 1/2
A ┌ 水……4カップ
　│ 昆布（8cm角）……1枚
　└ あご煮干し……1本（10g）
みそ……大さじ3
七味とうがらし……適宜

1 豚肉は食べやすく切って、酒をからめる。ごぼうは斜め3mm幅に切って、さっと水にさらす。大根は5mm厚さのいちょう切りに。こんにゃくは2〜3mm厚さの短冊切りにして、一度ゆでこぼす。にんじんは5mm厚さの半月切り、玉ねぎは縦半分、横1cm幅に切る。じゃがいもは一口大に切り、さっと水にさらす。

2 なべに油を熱し、ごぼう、大根、こんにゃくを順にいため、ふたをして（写真）中火で蒸らしにためにする。ふたを取ってにんじん、玉ねぎを入れて再び蒸らしにためにする。じゃがいもを入れて同様に。

3 2にA（またはだし汁でも）と豚肉をほぐして入れ、沸騰したらあくをすくい、ふたをして弱火で10分ほど煮、火を通す。

4 みそを溶き入れ、ふつふつしてきたら火を止める。器によそい、七味をふる。

「ストウブ」について

「ストウブ」はフランス製の鋳物ほうろうなべ。鋳鉄ならではのしっかりとした厚みと重さがあって、熱伝導や保温性にたいへん優れています。また、ふたがぴたっと閉まって密閉性も高いので、いったん沸騰すれば、とろ火にしても煮立った状態が続くほど効率がいいなべです。光熱費の節約にも一役買います。

ふた裏には丸い突起のピコ*が並んでいます。

調理が進んで蒸気がふた裏につくと、その水分がピコを伝わって料理へと降り注ぐよう設計されています。なべの中の蒸気を効率よく循環させるので、わずかな水分と調味料で調理ができ、素材のうまみも逃しません。

なべ肌には黒マットエマイユ加工が施されています。

それはガラス質エナメルであるほうろうを鋳物に薄く吹きつけては焼成する工程を二度繰り返したもの。細かな凹凸ができることで、食材との接点を減らし、くっつきや焦げつきを防ぎます。汚れも楽に洗い落とせます。

*口径24cmの浅型なべ「ブレイザー」にはピコと同様の働きをするシステラという突起がついている。

扱い方と注意点

◎火加減はごく弱火から強めの中火までに調節します。特にガスこんろの場合、なべの底から火が出ない火加減を守ってください。急激な温度変化はなべを傷めるので、熱いなべをすぐに流水で洗うのは避けてください。

◎「ストウブ」は加熱すると、なべ全体とつまみがたいへんに熱くなるので、必ずなべつかみを使います。

◎金属製の調理器具はほうろうを傷つけるので、木製やシリコン製がおすすめです。

◎水で薄めた中性洗剤をスポンジにつけて洗います。焦げついたときはしばらくお湯に浸しておけばOK。洗ったらふきんで水分をよくふきます。なべの本体もふたも縁がさびやすいので丁寧に。表面が乾くまではふきんに伏せ、最後にもう一度水気をふきます。

「だし」のとり方について

一番だし

吸い物や薄味の煮物、炊込みご飯、茶碗蒸しなどに使うとおいしさが引き立ちます。

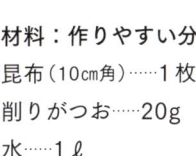

材料：作りやすい分量
昆布（10cm角）……1枚
削りがつお……20g
水……1ℓ

1 昆布をなべに入れ、分量の水を注ぐ。中火弱にかけて沸騰するまで10分以上かかるように火加減する。沸騰しはじめたら、昆布を取り出す（**a**）。

2 削りがつおを入れて（**b**）30秒ほど煮だし、あくをすくって、火を止める。

3 3〜4分おいて、目の細かいざるでこす（**c**）。

- すぐに使わない分は冷めてから密閉容器に入れて冷蔵庫へ。2〜3日が保存の目安。

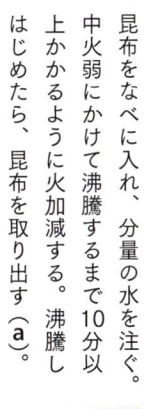

a

b

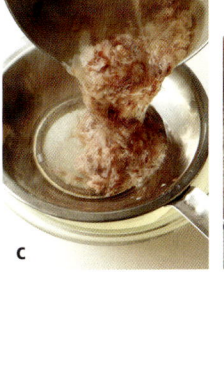

c

二番だし

一番だしで残った昆布と削りがつおで二番だしをとります。煮物に使うほか、一番だしに足して使ってもいいでしょう。

一番だしで残った昆布と削りがつお、水500mlをなべに入れて、火にかける。煮立ったら削りがつおひとつかみを加え（写真）、ふつふつとする火加減で2〜3分煮だして火を止める。目の細かいざるでこす。

- 残った昆布は角切りにして、梅干しの種とめんつゆでさっと煮てもいいし、やわらかいのでぬか漬けに加えて野菜と一緒に食べるといい。

水だし

みそ汁やめん類のおつゆ、野菜の煮物などにおすすめです。

大きな密閉容器に水1ℓ、からいりした煮干し（わたを除く）10g、昆布8〜10cm角1枚を入れて（写真）、冷蔵庫で6時間以上おく。

- だしをとった煮干しは軽く干して、素揚げにしてもいい。

蒸し煮

蒸すように煮て
うまみを封じ込める

山形のいも煮風

加熱時間 25分

たっぷりの煮汁で牛肉と里芋を煮込みます。「ストウブ」で煮ると、弱い火でも充分に熱が伝わるので、煮くずれすることがありません。

材料：4人分　口径24cmのラウンド

- 牛肉（切落し）……250g
- 里芋……大8個（正味600g）
- 塩……小さじ1
- 長ねぎ（2〜3cm幅の斜め切り）……1本分
- 白こんにゃく（ちぎって下ゆで）……½枚分
- すきやき麩*……8個
- A ┃ だし汁……3カップ
    ┃ しょうゆ、砂糖、
    ┃ 酒……各大さじ3〜4

*車麩2個を切って使ってもいい。

1 麩はボウルに入れて水に浸してもどしておく。

2 里芋はよく洗ってざるに上げ、薄く皮をむく。やや斜め半分に切り、塩をまぶしてもみ、ぬめりを洗って水気をきる。

3 なべにAと里芋を入れて中火にかけ、煮立ったら牛肉を広げて加え、あくをすくう（写真）。こんにゃくを入れてふたをし、弱火にして15分ほど煮て、長ねぎと麩を加える。里芋が煮えるまで5分ほど煮て、器によそう。

鶏肉の信田巻き

加熱時間 23分 ▼ 放置時間 15分

鶏肉を油揚げで巻いて煮ます。
なべの中で少ない煮汁がよく回って
思いのほか早く煮えます。
かくし味の黒酢がおいしさの秘密。

材料：2本分
口径23cmのオーバル

- 油揚げ（いなりずし用）……2枚
- 鶏もも肉……小2枚（400〜450g）
- 黒酢……大さじ½
- さやいんげん（かための塩ゆで）……10本
- A ┌ だし汁……1½カップ
    └ 酒、しょうゆ、砂糖……各大さじ1½
- かたくり粉……大さじ1

1 鶏肉は余分な脂肪を取り除いて、中央から左右に向けて包丁で切れ目を入れて開き、平らにして、黒酢をふりかけておく。

2 油揚げは長い一辺を残して端を切り落とし、さっとゆでて水にとって絞る。まな板に油揚げを縦に広げ、皮目を下に鶏肉を重ねる。手前にいんげん5本を置いて、手前からくるくると巻き、最後は楊枝でとめる。同様にもう1本作る。

3 なべにA、2を入れて中火にかける（写真）。煮立ったらふたをして弱火で20分煮、火を止めてそのまま15分ほどおいて粗熱を取る。

4 3の信田巻きを輪切りにして器に盛る。なべを再び火にかけ、残った煮汁に倍量の水で溶いたかたくり粉を加えて混ぜ、とろみをつけて肉にかける。

加熱時間 20分 ▼ 放置時間 10分

鶏だんごと根菜の煮物

しゃきっと歯ざわりのいい蓮根、ふっくらジューシーな肉だんごを分量たっぷりに煮ます。最後に加える青菜は好みのものを。

材料：4〜5人分
口径24cmのラウンド
鶏ひき肉（もも肉）……300g
A ┌ みりん……大さじ1
　│ みそ……小さじ2
　│ しょうがのしぼり汁
　│ 　……1かけ分
　└ かたくり粉……小さじ2
蓮根……小2節（正味300g）
にんじん……小2本（200g）
青菜（小松菜、青梗菜、水菜など）
　……適宜
B ┌ だし汁……3カップ
　└ 酒、しょうゆ、砂糖
　　……各大さじ2
油……大さじ1

1 ボウルに鶏肉とAを入れて、同じ方向に向けてよく混ぜる。蓮根は1cm幅に切って酢水（分量外）にさらし、水気をきる。にんじんは長さを半分に切り、太い部分は縦四つ割り、細い部分は縦半分に切る。

2 なべに油を中火で熱し、蓮根、にんじんを焼きつけ、Bを加えて煮立てる。1のひき肉のたねをやや大きめに丸めて入れ（写真）、再び煮立ったらあくをすくって中火弱にし、ふたをして15分煮る。途中、上下を返す。

3 火を止めて10分おいて器に盛り、残った煮汁を熱して食べやすく切った青菜を加え、さっと煮てから盛り合わせる。

■ 残った煮汁は青菜、きのこ、油揚げなどで煮びたしを作るとおいしい。

かぼちゃのそぼろあんかけ

加熱時間 15分

面取りしなくても大きめに切って皮を下にして煮ると、煮くずれしにくくなります。
ほっくり煮たかぼちゃにみそ味のあんをかけて。

材料：4人分
口径20cmのラウンド

かぼちゃ……大¼個
（正味400〜450g）

A
- 鶏ひき肉……100g
- みそ……大さじ1½
- 砂糖、酒……各大さじ1
- おろししょうが……1かけ分

油……大さじ1
だし汁……1カップ
かたくり粉……小さじ1

1. かぼちゃは種とわたを取り除き、中央を半分に切り分け、大ぶりのくし形に切る。
2. なべを中火にかけて油を入れ、Aをいためる。だし汁を加えて一煮立ちさせてあくをすくい、かぼちゃの皮を下にして入れる。再び煮立ったらふたをし（写真）、弱火で10分ほど、かぼちゃに火が通るまで煮る。 
3. かぼちゃを器によそい。残った煮汁に倍量の水で溶いたかたくり粉を加えて混ぜ、とろみをつけてかぼちゃにかける。

なすと豚バラ肉のしょうが煮

加熱時間 15分

大きめに切った肉と丸ごとのなすとピーマンを油で焼いて、蒸し煮にします。豚肉は繊維を断つように切ると、早くやわらかくなります。

材料：2〜3人分　口径22cmのラウンド

- なす……小4個（320〜350g）
- ピーマン……4〜6個
- 豚バラ肉（塊）……200g
- しょうが（せん切り）……1かけ分
- 油……大さじ1
- A
  - だし汁……¼カップ
  - 酒、しょうゆ……各大さじ2
  - 砂糖……大さじ1½

1 なすはへたを取って、縦に1〜1.5cm幅の切れ目を入れる。ピーマンはへたを指で押して割り、へたごと種を取る。豚バラ肉は4〜5cm幅に切り、さらに厚みを1cm幅に切る。

2 なべを中火にかけて熱し、豚肉の両面を焼き、余分な脂をふき取ってから油を加え、なすを入れて転がしながら表面を焼く。さらに、しょうが、ピーマンもさっといためる（写真）。

3 2にAを入れて煮立たせ、ふたをして中火弱で6〜8分ほど、途中、上下を返して煮て、器に盛る。

さばと昆布の山椒煮

加熱時間 20分

少量のお酢と山椒の実を使って、さばをきりっと煮上げます。一緒に煮た昆布まで、ふっくらとして、ご飯にもお酒にもよく合います。

材料：4～5人分　口径22cmのラウンド
- さば……大1尾（頭とわたを取って正味500g）
- 日高昆布（30cm長さ）……1本
- A
  - 水……¾カップ
  - 酒……½カップ
  - しょうゆ、みりん……各大さじ3
  - 砂糖……大さじ1
  - 酢……小さじ1
  - しょうが（薄切り）……1かけ分
  - 青粒山椒（水煮）……大さじ1

1. さばは頭を落としてわたを取り、3～4cmの筒切りにして、血合いをよく洗う。
2. 1をボウルに入れて湯を注ぎ、冷水にとって残った血合いを洗い、水気をふいてなべに入れる。
3. 2にAを加え、さっと洗って4cm幅に切った昆布をあいているところに入れ、中火にかける。
4. 煮立ったらふたをして中火弱で15分煮、ふたを取り、煮汁をさばにかけながら煮つめて（写真）、器に盛る。

- 塩ゆでの粒山椒がない場合は、乾燥したものや味つきの瓶詰で代用する。

18

きんめ鯛と豆腐の煮物

加熱時間 13分

煮魚のポイントは比較的強い火力で煮上げること。「ストウブ」なら弱めの火でも効率よく煮立ちます。かたわらで煮る豆腐のおいしさも絶品。

材料：2〜3人分
口径24cmのブレイザー（浅型なべ）
きんめ鯛（切り身）……大2切れ（320g）
木綿豆腐……½丁（150g）
九条ねぎ（またはわけぎ）……3本
A ┌ 水、酒……各½カップ
　├ しょうゆ、みりん……各大さじ2
　├ 砂糖……大さじ1
　└ しょうが（薄切り）……1かけ分

1 きんめ鯛は薄い塩水（分量外）で軽く洗って、水気をふく。木綿豆腐は水気をきって、4等分に切る。ねぎは4cm長さに切る。

2 なべにAを中火で煮立て、きんめ鯛を入れる。あいているところに豆腐（写真）とねぎを入れ、ふたをして中火弱で10分煮る。

3 ふたを取って好みで汁を煮つめ、器に盛る。

いかと里芋の煮物

加熱時間 26分

煮汁でいかをさっと煮て取り出し、
だし汁を足して里芋がやわらかくなるまで煮ます。
いかはやわらかく、里芋はうまみを吸って美味。

材料：4人分
口径20cmのラウンド
- いか……1ぱい（正味200g）
- 里芋＊……8個（正味400g）
- A
  - しょうがの皮……1かけ分
  - 酒……大さじ3
  - うす口しょうゆ……大さじ1½〜2
  - 砂糖……大さじ1〜1½
- だし汁……250ml
- しょうが（せん切り）……1かけ分

＊里芋はたわしで洗い、乾かしておく。

1. いかは足を引き抜いて内臓を取り出し、きれいに洗う。胴は1cm幅に切り、足は先を切り落として吸盤をごき取り、食べやすく切る。
2. 里芋は皮をむいて塩小さじ1（分量外）でもみ、ぬめりを洗って水気をきる。
3. なべにAを入れて中火で煮立て、いかを加えて、混ぜながら2分ほど煮て火を止め、いかを取り出す（写真）。
4. 3にだし汁を加えて中火で煮立て、あくをすくって里芋を入れる。再び煮立ったら、ふたをして中火弱で20分ほど煮る。途中上下を返す。
5. 4にいかを戻してさっと温め、しょうがをふり入れて器に盛る。

塩ぶり大根

加熱時間 22分

脂ののったぶりのあらを
下ゆでしてから薄味で煮ます。
季節の恵みを堪能しましょう。

材料：3〜4人分
口径23cmのオーバル

- ぶりのあら（ぶつ切り）……400g
- 粗塩……小さじ1½
- 大根……400g
- 大根の葉（やわらかいところ。3cm幅に切る）……適宜
- A
  - しょうが（薄切り）……1かけ分
  - 昆布（5〜7cm角）……1枚
- B
  - 酒……½カップ
  - みりん……大さじ2
  - 水……1½カップ
- すだち……2個

1. ぶりはバットに入れて塩をふり、冷蔵庫に半日から1日おく。
2. 大根はやや厚めに皮をむいて、8mm〜1cm厚さの半月切りにする。
3. たっぷりの熱湯を沸かし、2の大根を2〜3分ゆでてざるに上げる。続いて1のぶりをさっとゆでて冷水にとり、血合いを洗って水気をふく。
4. なべにぶりを並べてAをのせ、上に大根を重ねる（写真）。Bを加えて中火で煮、煮立ったらあくをすくってふたをし、中火弱から弱火で15分ほど煮る。大根に火が通ったら大根葉を加え、中火弱でさっと煮る。味をみて足りなければ塩（分量外）を加え、器に盛ってすだちをしぼる。

- 切り身でも作れるが、同様に塩をし、霜降りも同様にして作る。身が割れやすいので、早く煮えるように、大根は5mm厚さに切り、10分ほど煮るといい。

たけのことふきの煮物

加熱時間 28分 ▼ 放置時間 60分

たけのこにはかつおだしを効かせて、そのうまみをたっぷりと吸わせます。ふきとわかめを添えて春ならではの彩り、香りを楽しみます。

材料：4人分
口径23cmのオーバル

- 新たけのこ（ゆでたもの。57ページ参照）……小2本（正味250〜300g）
- ふき……大1本（150g）
- 粗塩……小さじ2
- 生わかめ（さっと洗い、食べやすく切る）……150g
- だし汁……3カップ
- 酒、みりん……各大さじ3
- うす口しょうゆ……大さじ2
- 塩……小さじ½
- 削りがつお……10g

1 たけのこは、穂先はくし形、残りは縦半分か縦四つ割りにして、1.5cm幅の半月かいちょう切りにする。

2 ふきは鍋の口径に合わせて切り、まな板にのせ、粗塩をふって板ずりをする。たっぷりの熱湯で約5分ゆで、細いものから順に冷水にとって皮をむく。

3 2を5cm長さに切り、残った筋を取って、縦半分から四つ割りにして冷水に浸す。

4 なべに1とだし汁を入れて火にかけ、煮立ったらふたをして弱火で5分煮、酒、みりんを入れて5分煮る。塩、しょうゆ、だしパックに入れた削りがつおを加え、あくをすくって、ふたをして弱火で8分煮る。火を止めて削りがつおを除き、ふたをしたまま冷ます。

5 4を中火にかけ、煮立ったらふきを入れて2〜3分煮、わかめを入れて（写真）さっと煮て、器に盛る。

えび芋の煮物

加熱時間 23〜28分 ▼ 放置時間 20分

大きく切ったえび芋をじっくりと煮ます。しんまでじんわりと火が入るので、形のいいまましっとりと煮上がります。

1 えび芋は上下を切り落として皮を厚めにむき（a）、縦半分に切る。

2 1を下ゆでする。えび芋に分量の水と米（とぎ汁でも）を加えて中火強にかけ、煮立ったら弱火で10分ほどゆで、ぬるま湯にとって洗う。

3 なべに2とだし汁を入れて煮立て、酒、砂糖を入れてふたをして弱火で10分煮、塩を入れて5分煮る。うす口しょうゆとみりんを入れて（b）5〜10分煮て火を止めて冷ます。器に盛り、ゆずの皮をのせる。

材料：4人分
口径22cmのラウンド
えび芋……2本（正味500g）
水……5カップ
米……大さじ1
だし汁……2カップ
酒……大さじ3
砂糖……大さじ1
塩……小さじ1/3
みりん……大さじ3
うす口しょうゆ……大さじ1 1/2
ゆずの皮（せん切り）……少々

えび芋のから揚げ

煮物を残してわざわざ作りたくなる味。えび芋は汁気をふき取り、一口大に切って、かたくり粉をまぶす。口径14〜16cmのなべに揚げ油を4〜5cm深さまで入れ、170℃に熱して、えび芋を3〜4分、きつね色になるまで揚げる。

材料：作りやすい分量
口径16cmのラウンド
蓮根……1節（正味200g）
A ┌ だし汁……1½カップ
　│ 砂糖、酢
　│ 　……各大さじ2
　└ 塩……小さじ⅔

材料：作りやすい分量
口径16cmのラウンド
にんじん……2本（300g）
A ┌ だし汁……1½カップ
　│ 酒……大さじ2
　│ 砂糖……大さじ1½～2
　│ 塩……小さじ½
　└ 油……小さじ1

蓮根のさっぱり煮

加熱時間 6～8分

しゃきっとした歯ごたえを残して煮る、さわやかな味わいの煮物。

1 蓮根は四つ割りにしてから大きめの乱切りにし、酢水（分量外）につけて水気をきる。
2 なべに1とAを入れて（写真）中火にかけ、煮立ったらふたをして中火弱で4～5分煮、密閉容器に移して冷ます。汁ごと保存して、汁気をきって器に盛る。

にんじんの甘煮

加熱時間 13分 ▼ 放置時間 20分

油をほんの少し加えてにんじんのくせをやわらげ、うまみを引き出します。

1 にんじんは1.2～1.5cm幅の輪切りに。
2 なべに1とAを入れて中火にかけ、煮立ったらあくをすくい、ふたをして弱火で10分ほど煮る。
3 火を止めて冷まし（写真）、汁気をきって器に盛る。

24

材料：作りやすい分量
口径16cmのラウンド

干ししいたけ（どんこ）……大8枚

A ┃ しょうゆ、砂糖
　　……各大さじ1½
　┃ みりん、酒……各大さじ1

だし汁……1〜1½カップ

材料：作りやすい分量
口径16cmのラウンド

こんにゃく……1枚（250g）

A ┃ だし汁……¾カップ
　┃ 酒……大さじ2
　┃ しょうゆ、砂糖
　　……各大さじ1½
　┃ 赤とうがらし（小口切り）
　　……少々

しいたけのこっくり甘煮

早くふっくらと煮え、味がよくしみるのも「ストウブ」ならでは。

加熱時間 18分 ▼ 放置時間 20分

1　干ししいたけは水に浸してもどし、水気を絞って軸を除く。

2　なべに1とA、だし汁をひたひたに加えて中火にかけ、煮立ったらあくをすくい、ふたをして弱火で15分ほど煮る。ふたを取って上下を返し、煮汁をさっと煮つめ、ふたをしてそのまま冷ます（写真）。

■　薄切りにして巻きずしやちらしずしの具にしても。

手綱こんにゃく

煮汁の煮つめ方で味の濃い薄いが変わります。お好みの加減に。

加熱時間 12〜17分 ▼ 放置時間 20分

1　こんにゃくは7mm厚さに切って、中央に縦2cmほど切れ目を入れ、片方の端を穴に通して返す。これをさっとゆでて水にとり、ざるに上げる。

2　なべに1とAを入れて中火にかけ、煮立ったらふたをして中火弱で10〜15分煮る。煮汁を煮つめて（写真）上下を返し、そのまま冷まし、汁気をきって器に盛る。

1 なべにぜんまいを入れ、たっぷりの水を注いで中火強にかける。煮立ったら火を止めてふたをし、半日おく。

2 1のゆで汁を捨て、たっぷりの水にぜんまいを浸し、引っぱるようにもむ（**a**）。なべにたっぷりの水とぜんまいを入れて中火強にかける。煮立ったら火を止めてふたをし、冷めるまでおく。かたい部分を切り落とし、4～5cm長さに切る。

3 再びたっぷりの水とともに中火強にかけ、煮立ったらざるに上げて水気をきる。

4 栃尾揚げは8mm幅に切り、さっとゆでて水気をきる。

5 なべに油を中火で熱し、ぜんまいをいためる（**b**）。油が回ったら栃尾揚げ、だし汁を加えて（**c**）、煮立ったらふたをして中火弱で5分煮る。

6 5にAを順に加え、だしパックに入れた削りがつおをのせてふたをし、ぜんまいがやわらかくなるまで10～15分煮る。

7 削りがつおを取り除き、上下を返して、味が薄ければしょうゆ、砂糖各少々を加えてさっと煮る。火を止め、ふたをして15分ほどおいて、味を含ませて仕上げる。

ぜんまいの煮物

加熱時間 45～48分 ▼ 放置時間 14時間

ぜんまいをもどすときも煮るときも「ストウブ」の出番です。ふっくらやわらかく煮えるので、多めに作りおきをしませんか。ほかの料理にアレンジしたりして数度は楽しめます。

材料：6～8人分
口径24cmのラウンド

- ぜんまい（乾燥）＊……150g
- 栃尾揚げ（または絹揚げ）……1枚（130g）
- 油……大さじ1
- だし汁……4カップ
- A
  - 酒……大さじ4
  - 砂糖……大さじ3～4
  - しょうゆ……大さじ3
  - 塩……少々
- 削りがつお……10g

＊もどすと600～800gになる。

ぜんまいの白あえ

簡素で贅沢な白あえ。木綿豆腐200gはゆでて冷まし、ペーパータオルで水気を軽くしぼり、泡立て器で混ぜて、白すりごま、白練りごま各小さじ2、うす口しょうゆ、砂糖各小さじ1、塩少々を混ぜる。汁気をきったぜんまいの煮物（栃尾揚げは除く）200gを混ぜる。

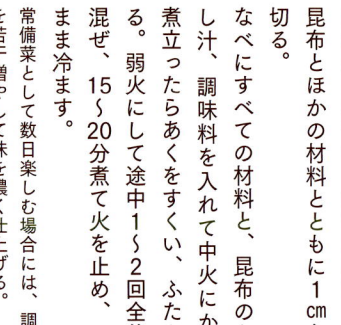

五目豆

加熱時間 1時間20分〜1時間25分 ▼ 放置時間 20分

豆がふっくらと早く煮えて、割れも少ないのが「ストウブ」ならでは。豆の風味が楽しめるように、調味は控えめにしています。

材料：作りやすい分量
口径20cmのラウンド
大豆……2/3カップ（100g）
昆布（5×10cm角）……1枚
干ししいたけ……3枚
にんじん、ごぼう、
　こんにゃく……各50g
うす口しょうゆ、酒
　……各大さじ2
砂糖……大さじ1 1/2
酢……小さじ1

1 大豆は洗って浮いてくる豆を取り除き、3カップの水に1晩ほど浸す。

2 なべに**1**を入れて中火にかけ、煮立ったらあくをすくい、弱火にしてふたをする。ときどき混ぜながら（写真）やわらかくなるまで1時間ほど煮る。途中水が少なくなったら足す。

3 昆布は水1/2カップに20分つける。しいたけは水でもどし、ゆでこぼす。**3**の昆布とほかの材料とともに1cm角に切る。

4

5 なべにすべての材料と、昆布のもどし汁、調味料を入れて中火にかけ、煮立ったらあくをすくい、ふたをする。弱火にして途中1〜2回全体を混ぜ、15〜20分煮て火を止め、そのまま冷ます。

■ 常備菜として数日楽しむ場合には、調味料を若干増やして味を濃く仕上げる。

おたふく豆

紫花豆は大きくて皮がかための豆なので、全体を混ぜながら、水分も足しながら、味がしみ込むようにゆっくりと煮ていきます。

加熱時間 2時間20分〜2時間40分 ▼ 放置時間 1時間

材料：作りやすい分量
口径24cmのラウンド

紫花豆……1袋（200g）
砂糖……150〜200g
しょうゆ……小さじ2〜3

1 豆は洗って虫食いなどを除き、水5カップを加えて6時間から一晩、しわがなくなるまで水に浸してもどす。

2 なべに1を入れて中火にかけ、煮立ったら水1カップを加えて、再び煮立つまで5分煮る。水1カップを加えてゆでこぼし、新しい水4〜5カップを加えて中火にかける。

3 煮立ったらあくをすくい、弱火で（ふつふつと煮立つ火加減）、ときどきへらで混ぜて、皮がやわらかくなるまで約1時間半あくをすくいながらゆでる。途中、水が少なくなったら足す。

4 水をひたひたの状態にして、分量の砂糖を1/3量ずつ分けて入れる（写真）。ときどき混ぜながら、ふたをして30分ほど煮る。最後にしょうゆを加え、さっと煮てふたをして火を止める。冷めたら密閉容器に入れて冷蔵保存する。

「ストウブ」を食卓で楽しむ なべ物と汁物

加熱時間 32分 ▼ 放置時間 5分

トマト入りおでん

大根の下ゆでを電子レンジに任せるので、煮立ってからの加熱時間はたったの20分。トマトから酸味とうまみが出て、こくのあるおでんができ上がります。

1. 昆布はさっと洗って分量の水に浸す。これを縦3等分にして2か所を結び、半分の長さに切る。浸し汁はとっておく。
2. 鶏手羽元はさっとゆで、ざるに上げる。揚げボールは湯通しして水気をきる。
3. ちくわは半分の長さに切って、斜め二つに切る。じゃがいもは半分に切って面取りをする。
4. 大根は2cm厚さの半月切りにして耐熱皿に並べる。ふんわりとラップフィルムをかけ、600Wの電子レンジに4分半かける。
5. なべに1の昆布と汁、A、鶏手羽元、大根、じゃがいもを入れて中火強にかけ、煮立ったらあくをすくい、削りがつおをだしパックに入れて汁に浸し、ふたをして中火弱で10分煮る。だしパックを絞って(写真)取り除き、ゆで卵、ちくわ、揚げボールを入れて温め、弱火にしてじゃがいもと大根に火が通るまで10分ほど煮る。味を調え、へたを取ったトマトを入れてさっと煮、なべごと食卓に出す。
6. おでんのたねはこんにゃく、はんぺん、ちくわ麩など好みのものをどうぞ。溶きがらしを添えていただく。

材料：作りやすい分量
口径24cmのラウンド

- 日高昆布（30cm長さ）……2本
- 水……2½カップ
- 鶏手羽元……8本
- 揚げボール……1袋（12個）
- 焼きちくわ……大2本
- じゃがいも（メイクイーン）……大2〜3個
- 大根……300g
- ゆで卵……4個
- ミディトマト……5〜10個
- A
  - 水……4カップ
  - 酒……大さじ4
  - しょうゆ、みりん……各大さじ2
  - 塩……小さじ1
- 削りがつお……25g
- 溶きがらし……適宜

なべあと 汁かけご飯

煮汁に豆腐1人分¼丁を目安に入れて10分ほど煮、好みでしょうゆ、みりん各少々を足す。これを汁ごとご飯にかけ、万能ねぎの小口切りを散らし、七味とうがらしをふる。

加熱時間適宜

すきやき

牛脂をとかしたら長ねぎと牛肉をさっと焼いて、その香りと味をまず楽しみましょう。「ストウブ」は一定の温度を高いまま保つので、最後までおいしくいただけます。

材料：4人分
口径24cmのブレイザー
（浅型なべ）
牛肉（すきやき用）……400g
長ねぎ……2本
春菊……1束
生しいたけ……1～2パック
焼き豆腐……1丁
しらたき……1～2袋
割り下
　水……1½カップ
　しょうゆ、酒……各½カップ
　砂糖……大さじ5
　みりん……大さじ2
牛脂……適宜
卵……4個

1 割り下の材料は合わせてさっと煮立てておく。

2 長ねぎは斜め切り、春菊は軸のかたいところを切り、食べやすい長さに切る。しいたけは石づきを取って半分に切る。焼き豆腐は水気をきって8等分に切る。しらたきは食べやすい長さに切り、下ゆでしておく。

3 なべを中火にかけ、牛脂を入れて全体に脂を回す。ねぎを適宜入れて両面香ばしく焼き、牛肉適宜を入れて割り下を注ぎ（a）、煮えばなをいただく。そのあとは割り下と具を適宜加えて、煮えたものからとき卵につけていただく。

■ 肉としらたきは離してなべに入れるのが、おいしさのこつ。

ひき肉のすきやき風

加熱時間適宜

合いびき肉と、冷蔵庫にある野菜や豆腐でリーズナブルに作るすきやきです。ひき肉は牛肉と豚肉の合いびきに、鶏肉を加えても味わいが深まります。

材料：4人分
口径24cmのブレイザー
（浅型なべ）

合いびき肉（赤身）……400g

A ┌ 砂糖、酒、水、
　│　　かたくり粉……各大さじ1
　│ 塩……小さじ⅓
　└ 粗びき黒こしょう……少々

玉ねぎ……1個
にら……1束
えのきだけ……1〜2パック
木綿豆腐……1丁
ごぼう……½〜1本
割り下
　┌ 水……1½カップ
　│ しょうゆ、酒……各½カップ
　│ 砂糖……大さじ5
　└ みりん……大さじ2
油……大さじ½
卵……4個

1 ボウルに合いびき肉とAを入れ、よく練り混ぜる。これを平らな皿にのばし、斜め格子に切れ目をつける。

2 玉ねぎは縦半分に切って横1cm幅に切る。にらは5cm長さ、えのきだけは半分の長さ、木綿豆腐は水気をきって食べやすい大きさに切る。ごぼうは縦半分に切り、斜め薄切りにして、水にさっと浸して水気をきる。

3 なべを中火にかけて油をなじませ、玉ねぎを入れてさっと焼き、熱しておいた割り下を注いで（写真）ふたをする。さっと煮たら、とき卵につけていただく。

■ 1を加えて、野菜、豆腐、大根、白菜（繊維に沿って）、にんじんなどのせん切り野菜を加えてもおいしい。

鴨なべ

加熱時間適宜

鴨の皮をかりっと焼いて、香ばしいうまみのあるなべに仕上げます。クレソンやせりをふんだんに添えて、野趣たっぷりに。

材料：4人分
口径24cmのブレイザー
（浅型なべ）

合い鴨むね肉……1〜1½枚
鶏むね肉（またはもも肉の皮なし）
　……100g
A ┌ 塩……小さじ¼
　├ 酒……大さじ1
　└ かたくり粉……大さじ½
長ねぎ……2本
生しいたけ……1〜2パック
クレソン……2束
せり……1束
B ┌ だし汁……4カップ
　├ 酒……½カップ
　├ しょうゆ……大さじ5
　├ みりん……大さじ2
　└ 砂糖……大さじ1
ゆずこしょう、
　ゆずのしぼり汁……各適宜

なべあと そばがき

小なべに熱湯1カップと塩少々を沸かして、そば粉120gを入れてへらで勢いよく混ぜ、ねっとりしてきたら火を止める。粗熱を取って一口大にまとめ、なべの煮汁に加えてさっと煮、器によそって長ねぎの小口切りを添える。

1　合い鴨は薄い膜と筋を取り、皮に縦5mm幅の切れ目を入れる。このうち100g分の肉を切り取る。

2　1の切り取った肉と鶏肉をぶつ切りにし、一緒にフードプロセッサーにかけてミンチ状にする。ボウルに移し、Aを加えてよく混ぜる。

3　長ねぎはぶつ切り、しいたけは石づきを切ってそぎ切りにする。クレソン、せりは食べやすい長さに切る。

4　なべを中火強にかけて熱し、鴨の皮を下にして入れ、焼きながら出てきた脂をふき取り、まな板にとって薄切りにする。

5　あいたなべをふいてねぎを焼き、Bを入れて沸騰させて、2を食べやすい大きさのだんごにして加え、4分ほど煮る。

6　食卓に移し、3の野菜、4の鴨肉などの具を食べる分ずつ加え、さっと煮ながら、ゆずこしょう、ゆずのしぼり汁を添えていただく。

34

ししなべ

加熱時間適宜

いのししの赤身と脂のうまみは、ほかの肉では味わえない独特のもの。実山椒を効かせたみそ仕立てにして。

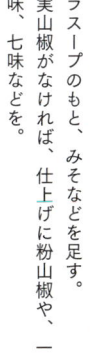

1 いのしし肉は半解凍の状態にして、できるだけ薄く切る。

2 長ねぎは2〜3cm幅の斜め切りに、白菜は縦5cm、横2〜3cm幅に切る。しいたけは石づきを取って縦半分に、しめじは小房に分ける。ごぼうは大きめのささがきにして水にさらし、水気をきる。

3 なべにごま油とAを入れて中火でいため（写真）、香りが充分に立ったらBを加える。1の肉、2の野菜を入れて中火強にかける。

4 煮立ったら弱火にし、煮えたものからいただく。いのしし肉は長めに煮るとやわらかくなる。

- なべのだしが足りなくなったら、水、鶏ガラスープのもと、みそなどを足す。
- 実山椒がなければ、仕上げに粉山椒や、一味、七味などを。

材料：4人分　口径24cmの
ブレイザー（浅型なべ）

いのしし肉（冷凍。
　または豚肩ロース肉）……400g
長ねぎ……2本
白菜……1/8株（400〜500g）
生しいたけ……1パック
しめじ……1パック
ごぼう……1/2本
ごま油……大さじ1

A ┌ にんにく（みじん切り）
　│　　……大さじ1/2
　│ しょうが（みじん切り）
　│　　……大さじ1
　└ 粒山椒……大さじ1

B ┌ 水……3カップ
　│ 酒……1/2カップ
　│ 鶏ガラスープのもと
　│　　……大さじ1/2
　│ 信州みそ……大さじ3
　└ しょうゆ……大さじ1

揚げうどん入り海鮮なべ

加熱時間適宜

煮てもしっかりとした弾力が残る揚げうどんは、だしをたっぷり含んで格別のうまさ。海鮮はかにや鯛の切り身も合いますし、生麩、巻き湯葉なども相性がいいでしょう。

材料：4人分
口径24cmのブレイザー（浅型なべ）
有頭えび……4尾
はまぐり……8個
焼きあなご……1本
厚焼き卵（市販品。または伊達巻き）……120g
鶏もも肉……½枚分
塩……少々
酒……大さじ1
ゆでうどん……2〜3玉
小麦粉、揚げ油……各適宜
白菜（縦6cm、横5mm幅の細切り）……300〜400g
にんじん（大きめの短冊切り）……1本分
生しいたけ（5mm幅）……4枚分
糸三つ葉（ざく切り）……1束分
A ┌ だし汁……6カップ
　 │ みりん、うす口しょうゆ、酒
　 │ 　……各大さじ2½〜3
　 └ 塩……少々
すだち……適宜

1 えびは頭の先を切り、尾の先、足を切り、背わたを除く。はまぐりは塩水（塩小さじ1＋水1カップの割合）につけて塩抜きし、殻をよく洗う。焼きあなごと厚焼き卵は食べやすく切る。鶏肉はぶつ切りにして塩と酒をふる。

2 うどんはほぐして小麦粉をまぶし、165℃の揚げ油に1玉ずつ入れて、かりっとするまで揚げる（a）。

3 なべにAとはまぐりを入れ（b）、中火強にかけて、煮立ったらあくをすくう。はまぐりの殻が開いたら取り出し、煮汁の一部を取り分けておく。

4 3に鶏肉、白菜、にんじんを適宜入れ、煮立ったら残りの具を加えて、好みのものをすだちをしぼっていただく。途中、取り分けておいた煮汁を加える。

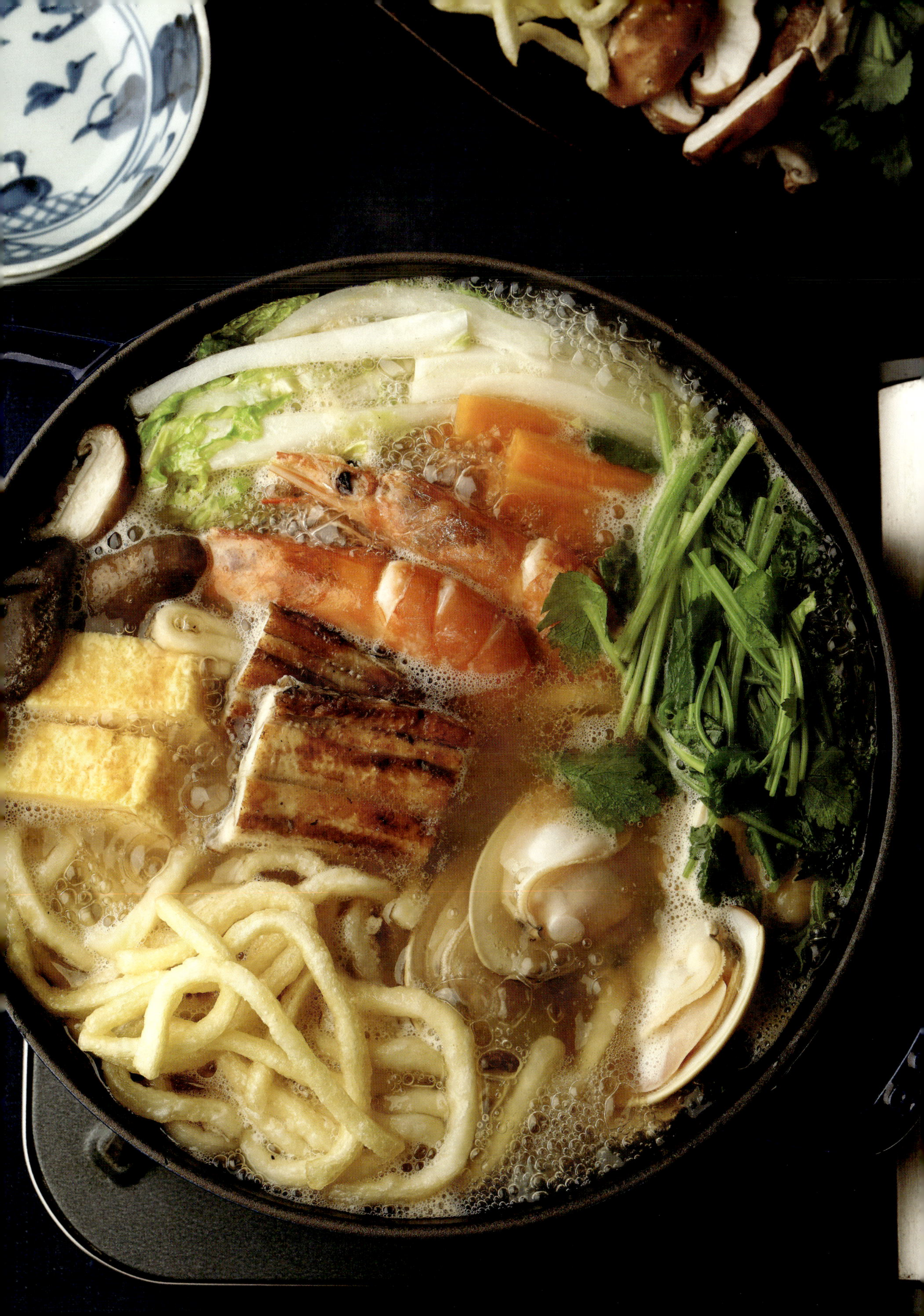

加熱時間 20分

ほうとう

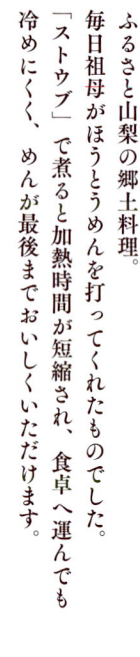

ふるさと山梨の郷土料理。
毎日祖母がほうとうめんを打ってくれたものでした。
「ストウブ」で煮ると加熱時間が短縮され、食卓へ運んでも冷めにくく、めんが最後までおいしくいただけます。

材料：4人分
口径24cmのラウンド

- ほうとうめん……400g
- 豚肩ロース薄切り肉……150g
- 酒……大さじ1
- 白菜……250〜300g
- かぼちゃ……200g
- 長ねぎ……1本
- しめじ……小1パック
- 油揚げ……1枚
- A [水……8カップ
    昆布（10cm角）……1枚]
- 削りがつお……30g
- 信州みそ……大さじ4〜5
- 七味とうがらし……適宜

1 豚肉は食べやすく切って酒をまぶす。白菜は2〜3cm幅に切り、かぼちゃは3〜4cm角に切る。長ねぎは1cm幅の斜め切り、しめじは石づきを取ってほぐす。油揚げは油抜きをして1cm幅に切る。

2 なべにAを入れて中火強にかける。沸騰したらほうとうめんを入れてほぐし、豚肉を加えてあくをすくう。

3 2に手つきのざるをのせ、削りがつおを入れて（写真）弱火で5分煮、水気を絞り、昆布とともに取り出す。続いて油揚げ、白菜、かぼちゃを加えて5分煮たら、長ねぎ、しめじを入れて5分煮、みそを溶き入れてさっと煮る。器によそい、七味とうがらしをふる。

■ ほうとうめんのゆで時間は15分が標準。煮くずれしやすいかぼちゃは大きく切り、めんを煮はじめてから5分後に加える。野菜はじゃがいも、大根、にんじん、ごぼうもおすすめ。春から初夏にかけては新玉ねぎ、新じゃが、いんげんもいい。

■ だし汁は昆布と煮干しの水だしでもいい。その場合7カップを用意する。

鮭のかす汁

加熱時間 17〜18分

寒い日には食卓になべを運んであつあつを。
酒かすの効能と相まって体がしんから温まります。
みその分量は鮭の塩加減によって調節してください。

1 鮭は1切れを四つに切る。大根とこんにゃくは1cm角に切り、ごぼうとねぎは5mm幅の小口切りにする。

2 なべにたっぷりの水と大根を入れて火にかけ、煮立ったら2分ほどゆでて、こんにゃく、ごぼう、鮭を順に入れて、さっとゆでてざるに上げる。

3 なべに2と少量のだし汁で溶いた酒かすを入れる。上から残りのだし汁を注いで（写真）、火にかける。煮立ったらあくをすくい、ふたをして弱火で10分ほど煮る。大根に火が通ったらねぎを加えてさっと煮、みそで調味する。お椀によそい、好みで七味とうがらしをふる。

材料：4人分
　口径20cmのラウンド
甘塩鮭（切り身）……2切れ
大根……10cm
ごぼう……30g
こんにゃく……100g
長ねぎ……½本
酒かす……80g
だし汁……4カップ
みそ……大さじ2½〜3
七味とうがらし……適宜

蒸焼き

短時間で火が通ってふっくら仕上がる

鶏の照焼き

加熱時間 10分

鶏肉を蒸焼きにして、皮はかりっと身はふっくらと仕上げます。程よく脂が落ちるのと、かくし味の黒酢のおかげでしょうか、どなたにも好評です。

材料：4人分　口径23cmのオーバル

鶏もも肉……2枚（500g）

A ┌ 黒酢……大さじ1
　└ 塩……小さじ⅓

B ┌ しょうゆ……大さじ1½
　└ みりん、砂糖……各大さじ1

1 鶏肉は余分な脂を除いて、身に2cm幅の切れ目を薄くつけ、筋を切る。身に**A**をもみ込んで5分ほどおく。

2 なべを中火で熱し、水気をふいた**1**の鶏肉を皮を下にして入れる。皮がかりっとするまで焼いて出てきた脂をふき取り、身を返して(**a**)軽く焼く。色が変わったらふたをして中火で2分焼く。火が通ったらふたを取り、**B**を加え、肉に汁をかけながら照りが出るまで煮つめる(**b**)。食べやすく切っていただく。

きじ丼

ご飯党にはどんぶりを。ご飯をどんぶりに軽く盛り、もみのりを散らす。煮汁をかけ、鶏の照焼きのそぎ切りをのせる。添えは軽く焼いたししとうと紅しょうが。照焼きの全量をどんぶりにする場合は、しょうゆ大さじ2～2½、みりん、砂糖各大さじ1強～1½に増やすといい。

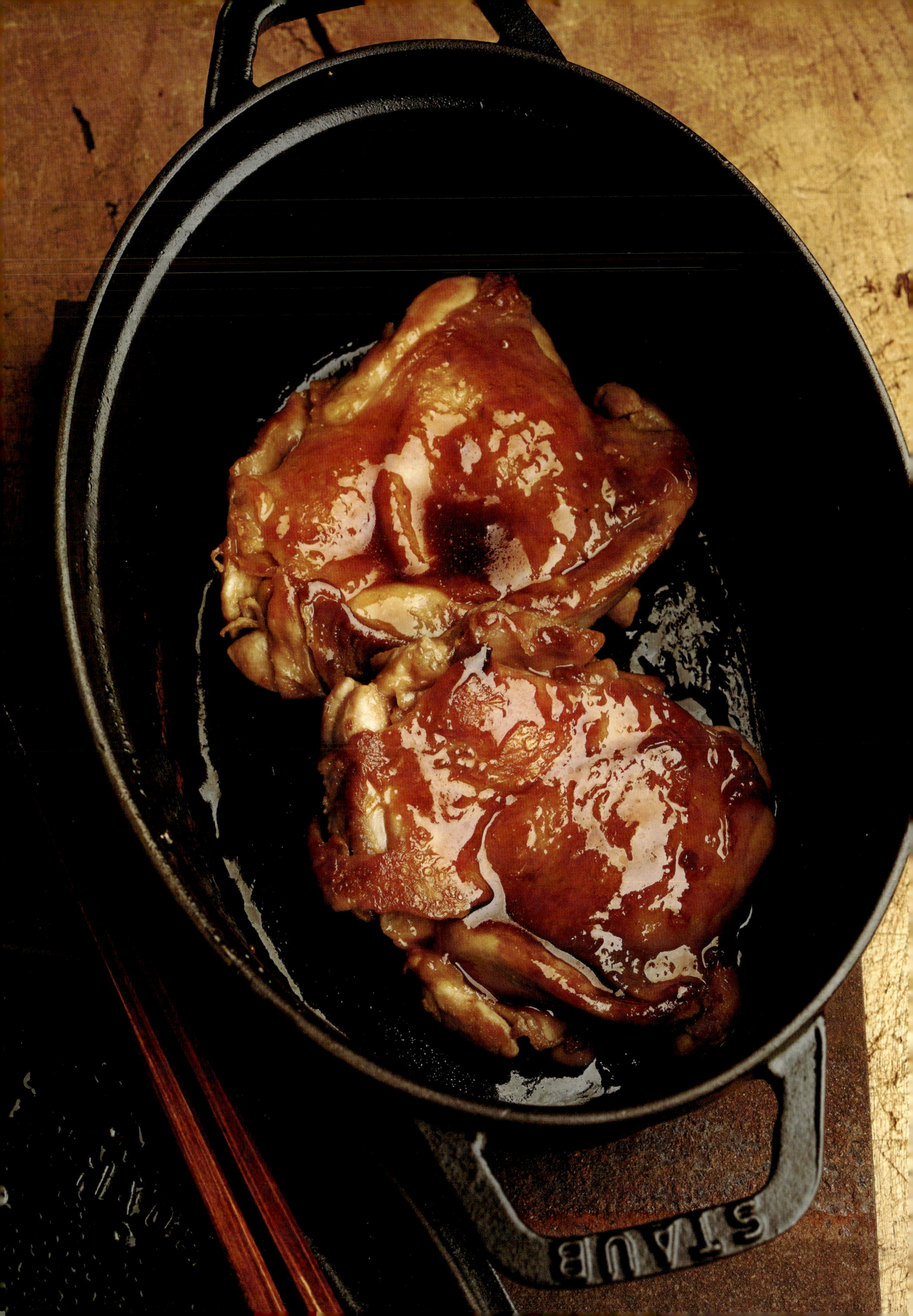
STAUB

豚肉の塩こうじ焼き

加熱時間 16〜18分 ▶ 放置時間 15分

焼くと焦げやすい塩こうじ漬けですが、「ストウブ」なら塊肉でも大丈夫。肉を弱火で八分どおり焼いて、余熱調理で中までじっくり火を通せばいいからです。

材料：4〜5人分
口径22cmのラウンド
豚肩ロース肉（塊）、
　豚バラ肉（塊）……各250g
塩こうじ（塩分10%）
　……大さじ4
しょうがのしぼり汁
　……2かけ分
きゅうり……½〜1本
白髪ねぎ……10cm分
ゆずこしょう……適宜

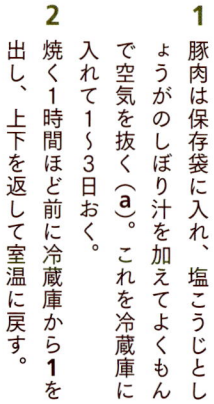

1 豚肉は保存袋に入れ、塩こうじとしょうがのしぼり汁を加えてよくもんで空気を抜く（a）。これを冷蔵庫に入れて1〜3日おく。

2 焼く1時間ほど前に冷蔵庫から1を出し、上下を返して室温に戻す。

3 中火でなべを熱して漬け汁をふいた肉を入れ、2分焼いて軽く焼き色がついたら身を返して2分焼く。

4 3にふたをして（b）、弱火で10〜12分ほど八分どおり焼き、火を止めて15分おいて粗熱を取る。食べやすく切って器に盛り、斜めせん切りにしたきゅうりと白髪ねぎ、ゆずこしょうを添える。

鮭のチャンチャン焼き

加熱時間 19分 ▼ 放置時間 2分

北海道の郷土料理。鮭と野菜を蒸焼きにします。
しっとりと焼き上がった鮭にみそだれと
バターがよくからみ、ご飯の進むおかずになります。

材料：2人分
口径23cmのオーバル

- 生鮭(切り身)……2切れ
- じゃがいも……小1個
- 玉ねぎ(1.5cmの輪切り)……2枚
- キャベツ(ざく切り)……2枚分
- 酒……大さじ1
- 油……大さじ½
- A ┌ みそ……大さじ1½
　 │ 砂糖……大さじ½
　 └ みりん……大さじ1
- バター……小さじ2

1 鮭は酒大さじ2（分量外）をかけて洗い、水気をふいて塩少々（分量外）をふる。じゃがいもは8mm厚さに切り、さっと洗って水気をきる。Aは耐熱カップに入れて混ぜ、ラップフィルムをかけずに600Wの電子レンジに15秒ほどかける。

2 なべを火にかけて油を熱し、じゃがいも、玉ねぎ、鮭、キャベツ（写真）を順に入れ、酒をふる。ふたをして中火のまま2分、弱火にして15分ほど蒸焼きにして、火を止めて2分ほどおく。1のみそだれと、バターを添えていただく。

菜の花の蒸焼き

加熱時間 4〜6分

オリーブ油をからめてから焼くと、菜の花のえぐみが気にならず、色もきれいに。

材料：作りやすい分量
口径16cmのラウンド

- 菜の花……1束
- オリーブ油……大さじ½
- 塩……少々
- 溶きがらし……適宜
- しょうゆ……小さじ1〜1½

1 菜の花は下のかたい部分を5mm切り落とし、水に放して水気をしっかりきる。

2 なべを中火にかけてオリーブ油を熱し、1を入れてふたをし、1分蒸焼きにする。ふたを取って塩をふり、何度か返して（写真）ふたをし、弱火で2〜4分、蒸焼きにする。溶きがらしをのせ、しょうゆをかけて。

焼きねぎ

加熱時間 7〜8分

根曲りねぎ、下仁田ねぎ、軟白ねぎなどお好みのねぎを選んで、火の通し加減も調節しながら楽しんでください。

材料：作りやすい分量
口径16cmのラウンド

- 長ねぎ……大1本
- 油……小さじ1
- 削りがつお……1袋
- しょうゆ……適宜

1 なべを中火にかけて油を熱し、4〜5cmに切った長ねぎを入れて2分ほど焼く。焼き色がついたら上下を返してさっと焼き、ふたをして（写真）弱火で3〜4分、しんなりするまで好みの加減に焼く。

2 器に盛って削りがつおとしょうゆをかける。

磯辺餅

加熱時間 8〜9分

焼いた餅にしょうゆをじゃっとからめます。
あつあつのうちにのりを巻いて召し上がれ。

材料：作りやすい分量
口径16cmのラウンド
切り餅……2切れ
しょうゆ、焼きのり
　　　……各適宜

1　なべを中火にかけて熱し、餅を入れて片面に焼き色がつくまで焼く。上下を返して弱火にし、ふたをして2分ほど焼く。

2　餅がやわらかくなったら火を止めて、しょうゆを回しかけてからませ（写真）、のりで巻く。

さつまいもの蒸焼き

加熱時間 12〜14分
放置時間 3分

表面が少し焦げるまで焼いて、
香ばしさとほくほくの食感を引き出します。

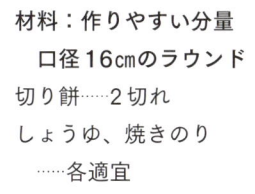

材料：作りやすい分量
口径16cmのラウンド
さつまいも……小2本
水……大さじ1〜2
塩、バター……各適宜

1　さつまいもは大きく斜めに切り、水に切り口をさらして水気をきる。

2　なべに1と分量の水を入れてふたをし（写真）、中火にかけて2分したら弱火にし、途中上下を返して10〜12分焼く。火が通ったらそのまま火を止め、3分ほどおいて器に盛り、塩をふり、バターを添える。

じか蒸し

なべの中で循環する蒸気に包んで

材料：4人分
　口径24cmのラウンド
鶏むね肉
　（皮を取って半分に切る）……1枚分
酒……小さじ2
塩……少々
しょうが（薄切り）……1かけ分
卵……2個
かぼちゃ……200g
かぶ……小2個
小松菜……100g
みそドレッシング
　┌ みそ、酢、オリーブ油、
　│　玉ねぎ（すりおろし）……各大さじ2
　└ こしょう……少々

お楽しみ蒸し

加熱時間 12～13分

素材をそれぞれオーブンペーパーで包み、じか蒸しにします。火が通りにくいものから蒸しはじめれば、最後は同時に仕上がります。盛り合わせても別々の料理に使ってもよく、便利に使えます。

1　オーブンペーパーを広げて鶏肉をのせ、塩、酒をふり、しょうがをのせて包み、両端をねじる。卵は殻がむきやすいように、底に包丁の刃で小さな穴をあけておく。

2　かぼちゃは大きめに切る。かぶは葉の軸を少し残して皮ごと四つ割りにして、汚れをよく洗う。小松菜は食べやすい長さに切る。それぞれオーブンペーパーで包んでおく。

3　なべに水1カップを沸騰させ、鶏肉、かぼちゃ、卵を入れて（写真）ふたをし、中火弱で5分、かぶを入れて2分、小松菜を加えてさらに3～4分蒸す。途中、足りなければ湯を足す。

4　それぞれ取り出して、鶏肉は食べやすく切り、卵は冷水にとって殻をむいて半分に切り、器に盛り合わせる。よく混ぜたみそドレッシングをかけていただく。

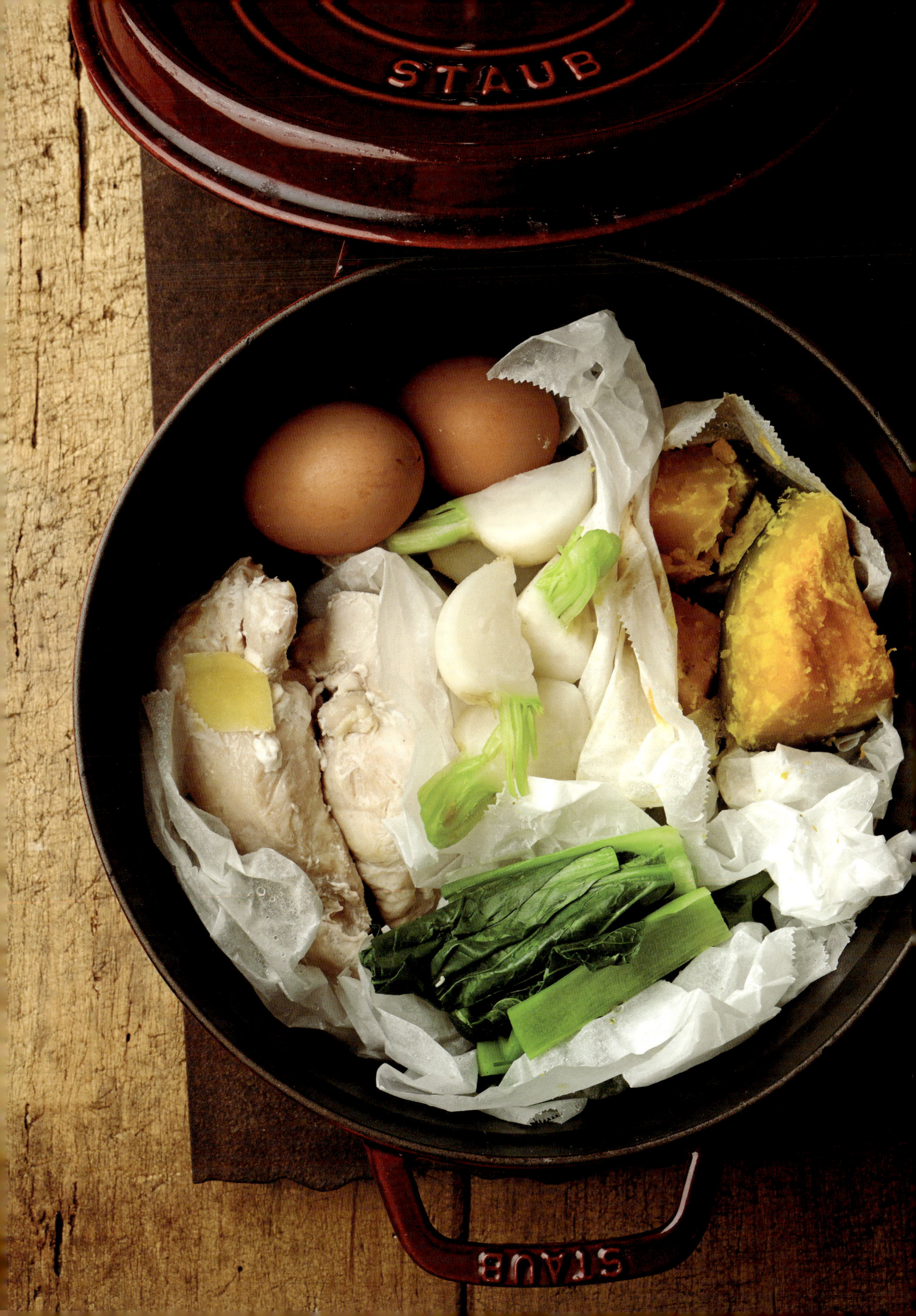
STAUB
STAUB

さわらとせん切り野菜蒸し

加熱時間 12分

身がやわらかなさわらに野菜をのせて蒸すだけで、しゃれた酒肴に。レモンとしょうゆで召し上がれ。

材料：2人分
口径23cmのオーバル
- さわら（切り身）……2切れ
- にんじん……30g
- 生しいたけ……1枚
- 白髪ねぎ……10cm分
- 酒……小さじ2
- 切り三つ葉……少々
- レモン（くし形切り）……2切れ
- しょうゆ……適宜

1 さわらは酒大さじ2（分量外）をふって全体になじませて洗い、水気をふいて塩小さじ1/4（分量外）をふっておく。にんじんは斜めせん切りに、しいたけは石づきを取り、厚みを半分にしてからせん切りにする。

2 オーブンペーパーを30cm長さに切って2枚用意し、天地が角になるよう広げてさわらを置き、せん切り野菜を等分にのせる。酒小さじ1ずつをふる。

3 ペーパーの天地を重ねて（写真）2～3回折り返してとめ、両端はねじってとめる。

4 なべに水1/4カップを入れて中火にかけ、3の両端を持って入れ、ふたをして中火のまま2分、弱火にして10分ほど蒸す。切り三つ葉を添えて、レモンをしぼり、しょうゆを適宜ふっていただく。

48

いわしの梅肉蒸し

加熱時間 **18**分

新鮮ないわしをオーブンペーパーに包んで蒸します。梅干し、大根おろし、青じそと、薬味を効かせてさっぱりといただきます。

材料：2～3人分
口径24cmのラウンド

- いわし……5尾
- 梅干し……大1～2個
- 大根おろし……5cm分
- 青じそ（せん切り）……5枚分
- うす口しょうゆ（またはしょうゆ）……適宜

1. いわしはうろこを取って頭を落とし、血合いを洗って水気をきる。
2. ボウルに塩水（水3カップ＋塩小さじ3）を作り、1を入れて10分ほど浸し、腹の中、外側をふく。オーブンペーパーを40～45cmに切り、いわしを並べて梅干しをちぎってのせ、ペーパーの両端をねじってドーム状にする（水が入らないようにする）。
3. なべに水1/2カップを沸騰させ、火を止めて2のいわしを入れて（写真）ふたをする。中火にかけて2分、弱火にして15分ほど蒸す。
4. ペーパーごと取り出して汁気をきり、器に盛って大根おろしと青じそを混ぜて添える。しょうゆをかけていただく。

うなぎの蒸しずし

加熱時間 8〜9分

寒い日やお酒の席では小さな蒸しずしが喜ばれるもの。あらかじめ盛りつけておけば、さっと蒸すだけです。

材料：小4個分
口径24cmのラウンド

うなぎのかば焼き……1枚
酒……大さじ1
蓮根（いちょう切り）……60g
A ┌ 酢……大さじ1
　├ 砂糖……小さじ2
　└ 塩……少々
錦糸卵
　┌ 卵……1個
　├ 砂糖……小さじ1
　├ 塩……少々
　└ 水溶きかたくり粉……少々
油……少々
温かいご飯……400g
しょうがの甘酢漬け
　（せん切り）……40g
酢……大さじ1
さやいんげん
　（ゆでて斜め薄切り）……2本分

1 かば焼きは1.5cm幅に切り、酒をまぶしておく。蓮根は酢（分量外）を加えた熱湯でゆで、熱いうちにAをからめて冷ます。

2 錦糸卵を作る。ボウルに卵をといて調味料を混ぜ、油をひいたフライパンで薄く焼き、せん切りにする。

3 温かいご飯にしょうがと酢を混ぜ器によそい、汁気をきった蓮根、錦糸卵、かば焼きを順にのせて(a)器のふたをする。

4 なべに水1/2カップを沸かし、火を止め、パーパータオルを敷いて3を入れてふたをし(b)、中火弱から中火で5〜6分蒸して取り出す。いんげんを添え、器にふたをしてすすめる。

和風かにシュウマイ

加熱時間 10分

なべの底に白菜を敷いてお湯を注ぎ、シュウマイを並べて蒸します。一般には強火で蒸しますが、「ストウブ」は煮立ちがいいので途中までは中火強、そのあとは中火に。

1. ボウルにひき肉、かにの身70g分、しいたけ、Aを入れてよく混ぜ、かたくり粉をまぶした玉ねぎを加えてさらに混ぜる。
2. 1のたねを12等分して、ギョウザの皮で丸く包み、残りのかにを等分ずつのせる。
3. なべに白菜の軸の部分を平らに並べる。
4. 3に湯1カップを注ぎ、丸く切ったオーブンペーパーを敷いてシュウマイを並べ、上にも丸く切ったオーブンペーパーをのせる（写真）。
5. 4を中火強にかけ、そのまま5分、中火にして5分蒸す。器に白菜とシュウマイを盛り合わせ、からしじょうゆを添える。

材料：4人分
口径24cmのラウンド

豚ひき肉（赤身）……200g
ゆでがに（正味）……100g
干ししいたけ
　（水でもどし、みじん切り）……2枚分

A
- 油……小さじ1
- しょうゆ、酒……各小さじ2
- 砂糖……小さじ1
- 塩、こしょう……各少々
- しょうがのしぼり汁
  ……½かけ分

玉ねぎ（みじん切り）……80g
かたくり粉……大さじ1½
ギョウザの皮（市販）……12枚
白菜（7cm長さの縦細切り）
　……300〜400g
からしじょうゆ……適宜

温度が一定に保たれている油で揚げる

揚出し豆腐

加熱時間 8分

かりっと揚がるように小麦粉とかたくり粉を混ぜた衣を使います。

材料：3人分　口径16〜20cmのラウンド

- 木綿豆腐……1丁（300g）
- A ┌ 小麦粉、かたくり粉
      └ ……各大さじ1〜1½
- 揚げ油……適宜
- B ┌ だし汁……大さじ4
      └ しょうゆ、みりん……各大さじ1
- おろししょうが……1かけ分
- 万能ねぎ（小口切り）……適宜

1 豆腐は六つに切って水気をきり、よく混ぜたAをまぶす。

2 なべに揚げ油を3〜4cm深さまで入れて170℃に熱し、1の豆腐を2切れずつ入れて、表面が固まったら上下を返してかりっと揚げ、油をきって器に盛る。これをあと2回繰り返す。

3 さっと煮立てたBを2の器に注ぎ、しょうがとねぎを添える。

■ なべがこんろにかかりにくい場合は、こんろに網をかけ、その上に「ストウブ」を置いて安定させます。油は少なめ、火加減は弱めを心がけ、安全に使用してください。

かき揚げ

加熱時間 10分

酒肴におすすめ。てんぷらそばにしてもおいしい。

材料：2～3人分
口径16～20cmのラウンド

- かまぼこ……3cm
- 生しいたけ……3枚
- 糸三つ葉……¼パック
- てんぷら粉……¼カップ強
- 冷水……大さじ3
- 揚げ油……適宜

1. かまぼことしいたけは1cm角に、糸三つ葉は2cmに切る。
2. ボウルに1を入れててんぷら粉をまぶし、分量の冷水を加えて混ぜる。
3. なべに揚げ油を3～4cm深さまで入れて火にかける。中温になったら2をへらにのせて、菜箸で押しながらそっと入れる（写真）。
4. 上下を返して箸で2か所ほどをつつき、全体がかりっとなるまで揚げる。好みで塩とレモン（各分量外）でいただく。

まいたけとベーコンのてんぷら

加熱時間 6分

酒肴やお弁当用にほんの少量を揚げます。ベーコンの風味が効いた新味のてんぷら。

材料：6個分
口径16～20cmのラウンド

- まいたけ……⅔パック
- ベーコン（長さを半分に切る）……3枚分
- てんぷら粉、水……各¼～⅓カップ
- 揚げ油……1カップ

1. 6等分に切ったまいたけを半分の長さに切ったベーコンで巻いて、楊枝でとめる。てんぷら粉は同量の水で溶いておく。
2. なべに揚げ油を3～4cm深さまで入れて170℃に熱し、まいたけのベーコン巻きにてんぷら衣をつけて入れ、かりっとするまで揚げる。好みで塩とレモン（各分量外）でいただく。

米を炊く

重いふたの圧力でもちもちに

さばの棒ずし

ご飯の加熱時間 13分 ▼ 放置時間 10分

おいしくご飯を炊いて、熱いうちにすし酢をかけて混ぜ、すし飯を作ります。しめさばは市販品ですから、想像以上に気軽に作れるおすしです。

材料：2本分　口径20cmのラウンド
米……1½合
酒……大さじ1
昆布（5cm角）……2枚
しめさば（市販）……2枚（360g）
すし酢
　┌ 酢……大さじ2½
　│ 砂糖……大さじ1½
　└ 塩……小さじ¾〜1
しょうがの甘酢漬け……20〜30g
青じそ（せん切り）……5枚分
白いりごま……少々

1 米は洗ってざるに上げ、ラップフィルムをかけて30分おく。

2 なべに米を入れ、酒と水を合わせて½カップにして加え、昆布をのせる。ふたをずらしてのせ、中火にかける。煮立ったらふたをして（a）1分加熱し、ふいてきたら弱火にして9分ほど炊き、火を止めて10分蒸らす。

3 すし酢の材料を耐熱カップに入れて電子レンジで20秒ほど温め、2に加えてさっくり混ぜ（b）、すし飯を端にまとめてふきんをかけ、ふたをずらしてのせ、人肌に冷ます。

4 しめさばは皮があったら引き、身の厚いところは少しそぐ。大きめに切ったラップフィルムに皮目を下にしてのせ、尾の部分にそいだ身を添えて、しょうが、青じそ、ごまを均等にふる。残りも同様にする。

5 3のすし飯を2等分する。ラップフィルムを大きく切り取り、半量のすし飯を置いて、ラップフィルムの上から押しながら（c）棒状にまとめる（d）。まとめたすし飯を4のさばにのせる。空気をしっかり抜いて棒状にまとめ（e）、ラップフィルムの両端を折り込む。残りも同様にしてもう1本作る。

6 5をさらしで包んでから巻きすで巻き、両端を輪ゴムできつくとめて、2時間ほどおく。

7 2cm厚さに切り、器に盛ってしょうがの甘酢漬け（分量外）を添える。

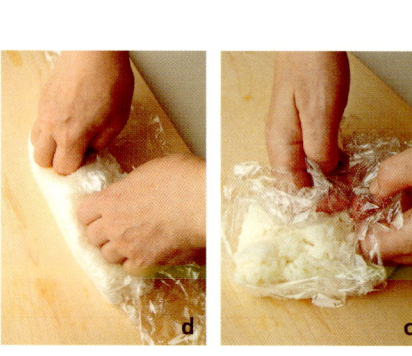

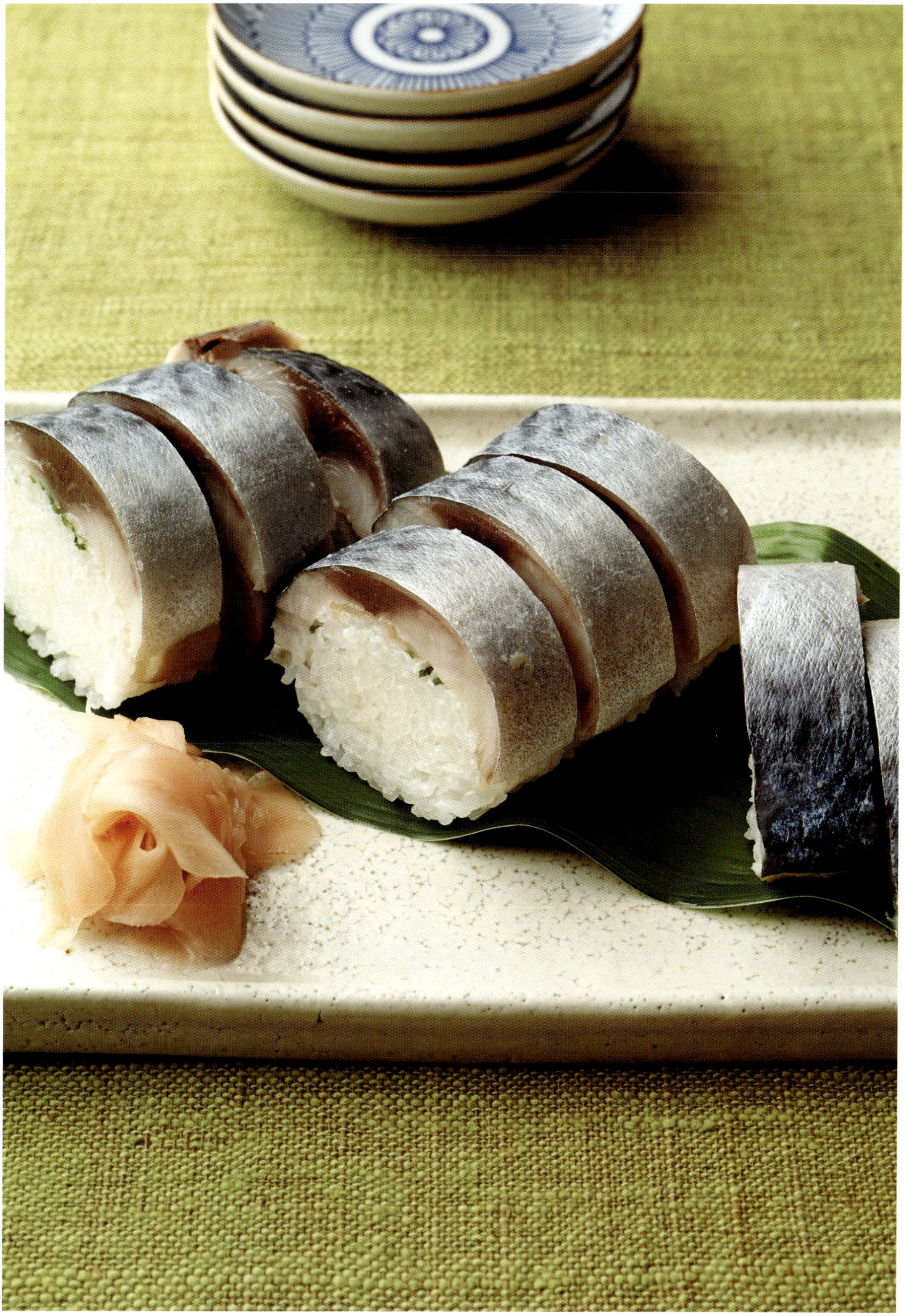

たけのこご飯

加熱時間 17分 ▼ 放置時間 10分

春到来の味。その香りと
自然な甘さを引き立てるように、
油揚げだけを加えてシンプルに炊きます。

桜えびとグリーンピースご飯

加熱時間 15分 ▼ 放置時間 10分

旬の釜揚げえびが出回ったら早速作りましょう。
桜えびの甘みと青豆の香りが引き立つ
新緑の季節ならではのご飯です。

材料：5人分
口径22㎝のラウンド
新たけのこ（ゆでたもの）*
　……小2本（正味250〜300g）
油揚げ……大1枚
米……3合
A［酒、うす口しょうゆ
　　……各大さじ3
　　みりん……大さじ½］
だし汁……適宜
木の芽……少々

1 米は洗ってざるに上げ、ラップフィルムをかけて30分おく。

2 たけのこの下部は、輪切りにしてからせん切りに。上部は穂先を生かすように縦半分に切り、縦薄切りにする。油揚げは熱湯をかけて水気をふき、5㎜角に切る。

3 なべに米を入れ、Aにだし汁を足して3カップにして加え、たけのこと油揚げをのせ、ふたをずらして中火強にかける。

4 煮立ったら、ふたをしてそのままの火加減で約2分、ふいてきたら弱火にして9分炊く。

5 火を止めて10分蒸らしたら（b）、さっくりと混ぜて器によそい、木の芽をのせる。

＊たけのこのゆで方
1 たけのこは穂先を斜めに切り落とし、縦に切れ目を入れて大きいなべに入れる。かぶるくらいの水、ぬかひとつかみ、赤とうがらし1本を入れて中火にかける。

2 煮立ったらふきこぼれない程度の強めの火加減で、途中水が足りなくなったら足し、串が通るまで60〜90分ゆでる。火を止めてそのまま冷ます。

3 水にとって切れ目を押し広げるように皮をむく。水に浸して冷蔵庫で3週間ほど保存が可能。香りのいいうちに早めにいただきたい。

材料：4人分　口径20㎝のラウンド
桜えび（釜揚げ）……60g
グリーンピース（正味）……60g
塩……小さじ½
米……2合
酒……大さじ2
昆布（5㎝角）……1枚
しょうが（せん切り）……1かけ分

1 米は洗ってざるに上げ、ラップフィルムをかけて30分おく。

2 グリーンピースは洗って塩をまぶす。

3 なべに1を入れ、酒を加えて2カップにした水と、昆布としょうがを入れて、ふたをずらしてのせ、中火強にかける。

4 煮立ったら2のグリーンピースを入れて（写真）ふたをし、そのままの火加減で約1分、完全に煮立ったら弱火にして9分炊く。

5 4に桜えびをのせ、ふたをして10秒中火にかけ、火を止めて10分蒸らす。昆布を取り除いてさっくりと混ぜ、器によそう。

まつたけご飯

作り方60ページ

さんまの炊込みご飯
作り方60ページ

鶏肉とごぼうのおこわ
作り方61ページ

栗おこわ
作り方61ページ

まつたけご飯

加熱時間 16分 ▼ 放置時間 10分

まつたけは下味をつけたものを炊上り直前に加えると、少ない量でも十二分に香りのよさが楽しめます。

材料：4人分
口径20cmのラウンド
米……2合
まつたけ……60～80g
A ┌ 酒……大さじ2
  │ うす口しょうゆ
  │ ……大さじ1½
  └ 塩……少々
だし汁……2カップ弱

1 まつたけは固く絞ったふきんで汚れをふく（虫がついていたら薄い塩水に浸す）。

2 米は洗ってざるに上げ、ラップフィルムをかけて30分おく。

3 まつたけの根元を薄く削り落とし、下半分は縦半分に切って薄切り、上半分は縦半分に切って薄くくし形に切る。これをAの調味料に浸して10分おく（a）。

4 なべに米を入れ、まつたけを浸した調味料にだし汁を足して400～420mlにして加え、ふたをずらしてのせ、中火強にかける。

5 煮立ったらふたをし、そのままの火加減で1分、弱火にして9分炊く。

6 まつたけをのせて（b）中火にしてふたをして1分ほど炊いて火を止め、10分蒸らしてから、さっくりと混ぜて器によそう。

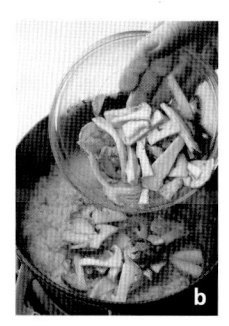

さんまの炊込みご飯

加熱時間 15分 ▼ 放置時間 10分

新鮮なさんまで作ります。丁寧に下ごしらえをしたらしょうがを効かせて炊き、薬味をたっぷり添えていただきます。あとは汁物に浅漬けでもあれば大満足の献立に。

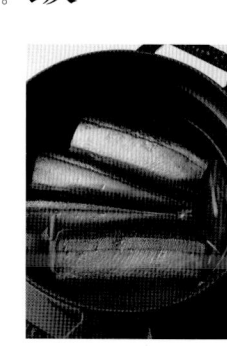

材料：4人分
口径20cmのラウンド
さんま……2尾
粗塩……小さじ⅔～1
米……2合
A ┌ 酒……大さじ4
  │ しょうゆ
  └ ……大さじ1½
しょうが（せん切り）……1かけ分
昆布（5cm角）……1枚
薬味
 ┌ みょうが（縦半分に切って小口切り）
 │ ……3個分
 │ 万能ねぎ（小口切り）……2～3本分
 └ 青じそ（せん切り）……5枚分

1 さんまは頭を落とし、腹に切れ目を入れてわたを取り、血合いを除いてよく洗い、水気をよくふいて二つに切る。粗塩をふって30分おく。

2 米は洗ってざるに上げ、ラップフィルムをかけて30分おく。

3 なべに米を入れ、Aの調味料に水を足して400～420mlにして加え、さっと混ぜて米を平らにする。

4 3にしょうが、昆布、水気をふいたさんまをのせて（写真）中火強にかけ、ふたをずらしてのせる。沸騰したらふたをしたまま1分ほど炊き、弱火にして10分炊く。

5 火を止めて10分蒸らし、さんまと昆布を除く。さんまの骨を除いて軽くほぐし、ご飯に戻してさっくりと混ぜる。器によそい、薬味を添える。

鶏肉とごぼうのおこわ

加熱時間 16分 ▼ 放置時間 10分

もち米1、うるち米2の割合で炊くおこわです。いためて味つけした具をあとから加えるので、初めて作っても失敗のないレシピです。

材料：5〜6人分　口径22cmのラウンド

- もち米……1合
- 米……2合
- 水……2½カップ
- 酒……大さじ2
- 昆布（5cm角）……2枚
- 鶏もも肉（皮なし）……1枚（200g）
- A
  - しょうがのしぼり汁……½かけ分
  - 黒酢……大さじ1
  - 塩……小さじ½
- ごぼう……½本
- にんじん……½本
- しめじ……1パック
- 油……大さじ1
- B
  - だし汁……大さじ3
  - しょうゆ……大さじ2½
  - 酒……大さじ1
  - 砂糖……大さじ1

1　もち米と米は合わせて洗い、ざるに上げて、ラップフィルムをかけて30分おく。

2　なべに1と分量の水、酒、昆布を入れてふたをずらしてのせ、中火強にかける。煮立ったらふたをし、そのままの火加減で1分、弱火にして9分炊き、火を止めて10分おく。

3　鶏肉は小さめに切ってAをからめる。ごぼうはささがきにして水にさらし、水気をふく。にんじんは太めのせん切りにして、しめじは石づきを取ってほぐす。

4　フライパンに油を熱し、ごぼう、鶏肉、しめじ、にんじんを順に入れていため、Bを加えてふたをして3分ほど中火で蒸し煮にする。

5　4のふたを取ってご飯にさっくりと混ぜ、炊き上がったご飯に汁気を飛ばし、炊き4の具を加えてさっくり混ぜて器に盛る（写真）、好みでおにぎりにして盛る。あればみょうがの甘酢漬けを添えて。

栗おこわ

加熱時間 17分 ▼ 放置時間 10分

栗をむくのは面倒なようですが、熱湯をかけておくと鬼皮がやわらいで、むきやすくなります。

材料：5〜6人分　口径20cmのラウンド

- 栗……500g
- 米……2合
- もち米……1合
- 水……520ml
- 塩……小さじ⅔
- 酒……大さじ2
- 黒いりごま……適宜

1　栗は耐熱ボウルに入れて熱湯をかけ、粗熱が取れたら底の部分から包丁を入れて、鬼皮と渋皮をむく（a）。大きければ半分に切る。皮をむいた先から水に浸す。

2　米ともち米を合わせて洗い、ざるに上げてラップフィルムをかけて30分おく。

3　なべに米、分量の水、塩、酒を入れて混ぜ、米を平らにして水気をふいた栗をのせる（b）。ふたをずらしてのせ、中火強にかける。

4　3が煮立ったら、ふたをして1分、弱火にして10分炊いて火を止める。10分蒸らしたら、さっくり混ぜて器によそい、ごまをふる。

かにの炊込みご飯
作り方64ページ

しらすと高菜の混ぜご飯
作り方64ページ

小豆がゆ
作り方65ページ

おかゆ
作り方65ページ

きゃらぶき

のりのつくだ煮

かにの炊込みご飯

加熱時間 13分 ▼ 放置時間 10分

かにもイクラもたっぷりに見えるのは1合炊きのおかげ。釜飯感覚でどうぞ。

材料：2人分
　口径14cmのラウンド

米……1合
昆布（5cm角）……1枚
酒……大さじ1
うす口しょうゆ……小さじ2
ゆでがにの身……80g
生しいたけ（軸を取って薄切り）
　……2～3枚分
にんじん（せん切り）……2～3cm分
切り三つ葉（2cm長さ）……少々
イクラの塩漬け……適宜

1 米は洗ってざるに上げてラップフィルムをかけ、水気をきって30分おく。

2 なべに米、昆布、酒と水を合わせて1カップにしたものを入れる。しいたけ、にんじんを加え、ふたをずらしてのせて中火にかける。

3 煮立ったらふたをして、そのまま1分ほど炊いて、弱火で8分、かにをのせて（写真）中火で1分炊き、火を止めて10分おく。

4 三つ葉をのせてふたをして30秒ほど蒸らし、イクラをのせていただく。

しらすと高菜の混ぜご飯

加熱時間 13分 ▼ 放置時間 10分

小さい「ストウブ」で1合炊きを。あつあつのうちにいただいても、おにぎりにしてもおいしい組合せ。

材料：2人分　口径16cmのラウンド

米……1合
水……1カップ
しらす干し、高菜漬け
　（みじん切り。水気を絞る）……各20g
白いりごま……小さじ1～2

1 米は洗ってざるに上げ、ラップフィルムをかけて30分おく。

2 なべに1を入れて分量の水を加え、ふたをずらしてのせて中火にかける。煮立ったらふたをしてそのまま1分、ごく弱火にして9分炊き、火を止めて10分蒸らす。しらすと高菜漬けをのせ、ふたをして1分蒸らし、ごまを加えてさっくりと混ぜて（写真）いただく。

小豆がゆ

加熱時間 26〜31分 ▼ 放置時間 4時間10分

小豆を下ゆでするときは放置時間を長くとりますが、おかゆを炊くときの放置時間は10分ほどで充分。手間をかけたかいあるおいしさです。

材料：2〜3人分
口径20cmのラウンド

- 小豆……40g
- 米……½カップ
- 水……3カップ
- ごま塩……適宜

1 小豆は洗い、なべにたっぷりの水とともに入れ、ふたをずらしてのせ（**a**）、火にかける。よく煮立ったらふたをして火を止め、そのまま完全に冷めるまで4時間ほどおく。
　米は洗ってボウルに入れ、分量の水に浸しておく。

2 1をざるにあけて汁をきる。なべを洗い、2の米を水ごと入れ、ゆでた小豆も加えて（**b**）中火にかける。

3 煮立ったらなべ底からふたをし、弱火からごく弱火で20〜25分、途中なべ底から混ぜて、ほぼ火が通ったら火を止め、ふたをしたまま10分蒸らす。小豆がよく煮えていたら（**c**）器によそい、ごま塩をふっていただく。

おかゆ

加熱時間 23分 ▼ 放置時間 10分

米と水を1対5の割合で炊きます。「ストウブ」なら加熱時間を10分短縮でき、放置しておけば余熱でふっくらと炊けます。

材料：2〜3人分
口径20cmのラウンド

- 米……½カップ
- 水……2½カップ

1 米は洗って（**a**）ざるに上げ、なべに入れて分量の水を加え、30分おく。

2 1を中火にかけ、煮立ったらへらでなぞるように混ぜ（**b**）、ふたをして、弱火からごく弱火にする。途中1回、なべ底から混ぜて全体で20分炊く。なべ底から米がふきこぼれるようなら、少しふたをずらす。火を止めて10分おいて蒸らし、つくだ煮などを添えていただく。

のりのつくだ煮

しけたのりが変身。なべにしょうゆ、酒各大さじ2、みりん大さじ1、水¼カップを混ぜて入れ、ちぎったのり5枚分を加えて中火にかける。煮立ったら弱火にして混ぜながら2〜3分煮、おろししょうがが1かけ分を加える。

きゃらぶき

ほろ苦さが身上。野ぶき300gはたわしで洗って4cmに切り、3〜5分下ゆでしてざるに上げる。なべにふき、しょうゆ、みりん、酒各大さじ3を加えて中火にかけ、煮立ったら中火弱にしてふたをする。ふたを取って弱火にしながら10分煮、ときどき混ぜながら30分煮る。はちみつ適宜を加え、中火弱でさっと煮る。

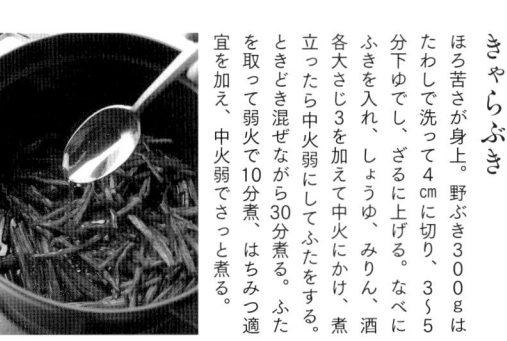

二つの「ストウブ」で作る
献立

沢煮椀
作り方68ページ

菜の花漬け
作り方68ページ

春、おもてなしの献立

鯛飯
作り方69ページ

沢煮椀

加熱時間 7分

うどや絹さやなど香りのいい春野菜をせん切りにして、豚肉と合わせた実だくさんの汁物。下ごしらえをしておけば、さっと火を通すだけです。

材料：4〜5人分
口径20cmのラウンド

ごぼう（せん切り）……10cm分
にんじん（せん切り）……30g
うど（厚めに皮をむき、せん切り）……10cm分
絹さや（へたと筋を取り、せん切り）
　　　　……3〜4枚分
生しいたけ（薄切り）……3〜4枚分
豚バラ肉（4cm長さに切る）……100g
A ┌ だし汁……4カップ
　└ 酒……大さじ2
うす口しょうゆ……大さじ2
塩……少々
粗びき黒こしょう……少々

1 野菜はすべてせん切りにし、ごぼうはさっと水にさらして水気をきる。

2 なべにたっぷりの熱湯を沸かし、ごぼう、にんじん、絹さや、うどを順に加えて一混ぜし、網で引き上げ、水にさっと放して水気をきる。続いて豚肉をほぐしながら加え、色が変わったらざるに上げる。バットにこれらの材料を並べ、だし汁を用意する（写真）。

3 なべにAを入れて火にかけ、煮立ったらしいたけと豚肉を入れてさっと煮、2の野菜を入れてさっと煮、うす口しょうゆ、塩で味を調え、お椀によそう。吸い口にこしょうをふって。

菜の花漬け

漬けて2〜3日たってからがおいしい漬物です。

材料：作りやすい分量

菜の花（軸の細いもの）……1束（200g）
昆布（幅広のもの）……30〜40cm
酒……大さじ2
塩……小さじ½

1 菜の花は下のかたいところを切り落とし、水に30分ほど浸してから水気をきる。

2 昆布は砂を払い、長めに切ったラップフィルムにのせ、酒をふってやわらかくなるまでおく。

3 たっぷりの熱湯を沸かして塩少々（分量外）を入れ、1をさっとゆで、冷水にとって冷まし、水気をしっかりと絞る。

4 2の昆布の上に菜の花を並べ、塩を全体にふって、ラップフィルムごと手前からしっかりと巻いて（a）俵状にする（b）。保存袋に入れて冷蔵庫で1日以上漬ける。

■ 菜の花は出る時期が限られているので、新鮮なものが手に入ったら、少し多めに漬けて一部を冷凍しておくのもいい。

鯛飯

加熱時間 19分 ▼ 放置時間 10分

鯛は、魚売り場で皮は引かずに刺身用におろしてもらい、あらもぶつ切りにしてもらって忘れずに持ち帰ります。切りそろえた鯛とあらと骨でとっただし汁で米を炊くので、取り分けやすく、おもてなしにもぴったりです。

材料：作りやすい分量
口径24cmのブレイザー（浅型なべ）

鯛（皮つきの刺身用さく1尾分とあら）
……大1尾分（1.2kg）
塩……小さじ1
A ┌ 水……4½カップ
　├ 昆布（10cm角）……1枚
　└ 酒……大さじ2
米……4合
B ┌ うす口しょうゆ……大さじ3
　└ 酒……大さじ3
桜の花の塩漬け（塩を軽く洗う）……適宜

1 鯛のさくはまな板にのせて、流しで皮に熱湯をかけ、皮がちりちっと縮んだら氷水にとって（**a**）水気をふく。これを1cm厚さのそぎ切りにして、塩を両面にふって10分おき、水気をふく。

2 あらと中骨はさっと熱湯に通して氷水にとり、血合いや残ったうろこを取って水気をふく。

3 なべに**2**のあらと中骨、**A**を入れて火にかけ、煮立ったらあくをすくい、弱火で8分ほど煮て、ペーパータオルを敷いたざるでこして、冷ます（**c**）。

4 米は洗ってざるに上げ、ラップフィルムをかけて30分おく。

5 なべに米を入れ、**B**の調味料に**3**のだし汁を加えて4カップにして加える。上に**1**の鯛の切り身を均等に並べ（**d**）、ふたをずらしてのせ、中火強にかける。煮立ったらふたをし、そのままの火加減にして2分、弱火にして9分炊いて火を止める。そのまま10分蒸らしたら、桜の花の軸を切って、ご飯に散らす。

■ **3**でだしをとった残りのあらは、翌日のみそ汁にしても。

きゅうりとわかめの酢の物
作り方72ページ

あじフライ
作り方72ページ

夏、暑気払いの献立

とうもろこしと枝豆のご飯

作り方73ページ

きゅうりとわかめの酢の物

まず、さわやかな酸味の一品をいただくだけで食欲増進。刺身用のたこや帆立の貝柱を加えてもいいものです。

材料：4人分
- きゅうり（小口切り）……大2本分
- 塩……小さじ½強
- わかめ（塩蔵）……30g
- みょうが（斜め薄切り）……3個分
- しょうが（せん切り）……1かけ分
- A ┌ だし汁……大さじ4
    │ 酢……大さじ2
    │ 砂糖、しょうゆ……各大さじ1
    └ 塩……小さじ¼

1. ボウルにきゅうりを入れて塩と水大さじ1を加え（写真）、しんなりしたら軽くもみ、水気を絞る。わかめは水でもどして筋を切り落とし、3cm幅に切る。
2. ボウルにAを混ぜて合せ酢を作り、1と残りの材料をあえて、合せ酢ごと器に盛る。

あじフライ

加熱時間（2〜3回に分けて）15分

新鮮なあじを「ストウブ」で短時間に揚げると、衣はかりっ、身はふっくら仕上がります。あじにてんぷら衣をつけてからパン粉をまぶす方法をご紹介します。

材料：4人分　口径20cmのラウンド
- あじ……4〜6尾
- 塩、こしょう……各少々
- A ┌ てんぷら粉、冷水……各½カップ強
- 生パン粉……適宜
- 揚げ油……適宜
- キャベツ……4枚
- 青じそ……1束
- ソースやしょうゆ……適宜
- レモン（1cm輪切り）……2枚

1. あじはうろこ、ぜいご、頭を落としてわたを抜き、血合いを取って、三枚におろす。塩、こしょうして5分おいて水気をふき、Aのてんぷら衣をつけて (a)、パン粉をまぶす。
2. なべに揚げ油を4〜5cm深さまで入れて175℃に熱し、1を入れて (b) かりっとするまで揚げる。
3. キャベツと青じそはせん切りにして、さっと冷水に放し、しっかり水気をきる。器にあじフライとせん切り野菜を盛り、1切れを半分に切ったレモンを添える。好みで溶きがらしをつけていただく。

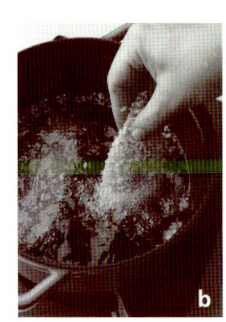

とうもろこしと枝豆のご飯

加熱時間 6分＋17分 ▼ 放置時間 10分

彩りのいい夏ならではのご飯。酒と塩で薄く味つけして、とうもろこしの香りと甘みを味わいます。

1 米は洗ってざるに上げ、ラップフィルムをかけて30分おく。

2 枝豆は両端を切り落として洗い、塩少々（分量外）をまぶしてこすり、なべに入れて、水大さじ4を入れてふたをし（a）、火にかける。煮立ったら4分ほど蒸しゆでにし、ざるに上げて粗熱を取ってさやを除く。とうもろこしは皮をむいて、長さを半分にして粒をぐるっと包丁でむく。

3 なべに米、水に酒を足して3カップにしたものを入れ、塩を加えて混ぜ、米を平らにしてのせ、昆布をのせる。ふたをずらしてのせ、中火強にかけ、煮立ったらとうもろこしを入れてふたをし、そのままの火加減で2〜3分、ふいてきたら弱火にして9分炊く。8分蒸らし、枝豆をのせて（b）2分ほど蒸らし、昆布を取り除いてさっくりと混ぜる。

材料：5〜6人分
口径22cmのラウンド

米……3合
とうもろこし……小1本（正味150g）
枝豆……200g
酒……大さじ1
塩……小さじ½
昆布（5cm角）……2枚

秋、行楽のお弁当

根菜の煮物
作り方76ページ

鶏手羽の揚げ漬け
作り方77ページ

おにぎり2種
作り方77ページ

根菜の煮物

加熱時間 20分 ▼ 放置時間 5分

強い火力で手早く煮るとおいしいのが根菜の煮物。「ストウブ」なら火の回りがいいので弱火でも高温のまま煮ることができます。

材料：4〜5人分
口径22cmのラウンド

ごぼう……½本（75g）
ゆでたけのこ……½本（100g）
にんじん……1本（150g）
蓮根……小1節（150g）
里芋……大3〜4個
干ししいたけ（水でもどす）……4枚
油……大さじ1
だし汁……½カップ
A ┌ 酒……大さじ2
  │ 砂糖……大さじ1
  └ しょうゆ……大さじ1½〜2
みりん……大さじ½〜1

1 ごぼうは乱切りにして、さっと水にさらす。たけのこは乱切りにして、水からさっとゆでる。にんじんは乱切りに。蓮根は四つ割りから乱切りにして、酢水（分量外）にさらす。里芋は皮をむいて、やや斜めに二つ〜四分に切り、かぶるくらいの水から3〜4分ゆでて、水にとってぬめりを洗う。しいたけはそぎ切りにする。

2 なべを中火にかけて油を熱し、水気をきったごぼう、たけのこ、にんじん、蓮根、里芋、しいたけを順に加えていためる（写真）。

3 2にだし汁とAを加えて煮立て、あくをすくう。

4 煮汁が全体に回る中火弱の火加減にし、途中上下を返して足りなければだし汁を足して、全体で15分、里芋に火が通るまで煮て、みりんを加え、軽く上下を返す。照りが出たら火を止めて、5分ほどおく。

鶏手羽の揚げ漬け

加熱時間 9分

鶏のから揚げもいいけれど、たまには揚げ漬けはいかが。揚げたてを酢じょうゆに浸しているから、味も骨離れもいいのでおすすめです。

材料：作りやすい分量
口径20cmのラウンド
鶏手羽先……12本
ししとうがらし……8本
揚げ油……適宜
A ┬ しょうゆ……大さじ3
　├ 酢……大さじ2
　└ 砂糖……大さじ1
白いりごま……適宜

1. 鶏手羽は洗って水気をふき、関節に包丁を入れて先を切り落とす。太い骨の間に包丁で切れ目を入れる（a）。ししとうは軸を切り、小さく切れ目を入れる。
2. なべに揚げ油を3〜4cm深さまで入れ、火にかけて170℃に熱する。
3. ししとうをさっと揚げて油をきる。続けて鶏肉を入れて5〜6分、かりっとするまで揚げる。
4. 耐熱ボウルにAを混ぜて、揚げたての鶏肉を入れてよくからめ（b）、ごまを混ぜる。汁気をきって、ししとうとともに器に盛る。

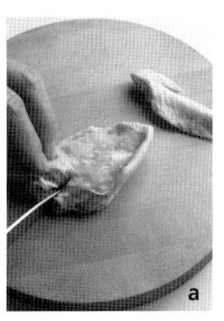

おにぎり2種

材料：2人分
梅おかか
┬ 温かいご飯……200g
├ 梅肉……大さじ½〜1
└ 削りがつお……1袋
焼き鮭
┬ 温かいご飯……200g
└ 焼き鮭、焼きのり……各適宜

1. 梅おかかのおにぎりを作る。温かいご飯に梅肉と削りがつおを混ぜ、2〜3個にむすぶ。
2. 焼き鮭のおにぎりを作る。手に水と塩（分量外）をまぶし、ご飯の半量を手にとり、ほぐした焼き鮭を具にしてむすぶ。残りも同様にする。最後にのりを巻いて。

春菊のサラダ
作り方80ページ

冬、団欒の日の献立

ステーキカレー
作り方81ページ

バターライス
作り方80ページ

切干し大根の
しょうが漬け
作り方80ページ

春菊のサラダ

ほろ苦い春菊にかりかりのちりめんじゃこをかけて、歯ざわりのいい一皿に。

材料：作りやすい分量

春菊……1束
レタス……4枚
長ねぎ（白い部分）……15cm
ちりめんじゃこ……大さじ4
オリーブ油……大さじ2
A ┌ 酢……大さじ1½
　├ しょうゆ……小さじ2
　└ こしょう……少々

1. 春菊は葉のやわらかいところを摘み、レタスはちぎって、それぞれ冷水に放す。長ねぎは3等分に切って、縦せん切りにして冷水へ。すべて水気をしっかりきる。
2. じゃこはオリーブ油でかりっとするまでいため、軽く油をきる。
3. 器に1の野菜を盛って2を散らし、Aをよく混ぜてかける。

バターライス

加熱時間 15〜17分 ▼ 放置時間 10分

ご飯を炊いて最後にバターとこしょうを混ぜるだけ。好みでパセリのみじん切りを加えても彩りがいいです。

材料：4〜5人分
口径20cmのラウンド

米……3合
水……3カップ
バター……大さじ1〜2
粗びき黒こしょう……適宜

1. 米は洗ってざるに上げ、ラップフィルムをかけて30分おく。
2. なべに1を入れ、分量の水を加えて表面を平らにする。ふたをずらしてのせ、中火にかける。煮立ったらふたをしてそのままの火加減で1〜2分、ふたの間からふくまで中火で炊き、弱火にして9〜10分炊いて火を止め、10分ほど蒸らす。
3. 2にバターとこしょうをふって、さっくりと混ぜる。

切干し大根のしょうが漬け

さっとできる漬物。保存もきくので作っておくと便利です。

材料：作りやすい分量

切干し大根（あれば細切りのもの）……40g
しょうが（せん切り）……4かけ分（60g）
A ┌ 酢……大さじ2
　├ うす口しょうゆ……大さじ1
　├ 砂糖……小さじ2
　└ 赤とうがらし（小口切り）……少々

1. 切干し大根は洗ってもみ、ひたひたの水につけてもどし、水気を絞る。
2. ボウルにAとしょうがを入れて混ぜ、1を加えてあえる。
- 保存容器に入れて冷蔵保存をする場合、1週間が保存の目安。

80

ステーキカレー

ステーキの加熱時間 4分 ／ カレーの加熱時間 28分

まずステーキを焼いてから、同じなべで即席カレーを作ります。ステーキはアルミフォイルに包んで保温しておきます。

材料：4〜5人分
口径22cmのラウンド

- 牛ステーキ肉（2cm厚さ）……2枚（400g）
- A ┌ 塩……小さじ1
  └ 粗びき黒こしょう……適宜
- 玉ねぎ……1個
- 蓮根……250〜300g
- にんじん……小1本
- 里芋……大3個
- 油……大さじ2
- おろししょうが……2かけ分
- 小麦粉……大さじ2
- カレー粉……大さじ2½
- B ┌ だし汁……3½カップ
  │ 酒、ケチャップ……各大さじ2
  └ 塩……小さじ1

1　玉ねぎは四つ割りから横薄切りに。蓮根は四つ割りから乱切りにして、さっと洗って水気をきる。にんじんは乱切り。里芋は皮をむいて乱切りにし、塩少々（分量外）でもんでよく洗う。牛肉は水気をふいてAを表面にまぶす。

2　なべに油大さじ1を中火強で熱し、牛肉を入れて1分半ほど焼き、肉の上下を返して焼き色がついたらふたをして1〜1分半蒸し焼きにして、アルミフォイルに包む（**b**）。

3　2のなべに油大さじ1を足して中火にかけ、玉ねぎ、しょうがを入れていため、ふたをして蒸し焼めにする（**c**）。しんなりしたら蓮根、にんじん、里芋を入れて炒め、ふたをして蒸らし炒めにする。

4　3に小麦粉、カレー粉を入れてさっと炒め、Bを加えて（**d**）混ぜながら煮立てる。あくをすくい、ふたをして焦げないようにときどきなべ底から混ぜて、弱火で15分ほど煮る。塩、カレー粉（各分量外）で調味する。

5　器にバターライスをよそい、カレーをかけ、食べやすく切ったステーキを盛り合わせる。

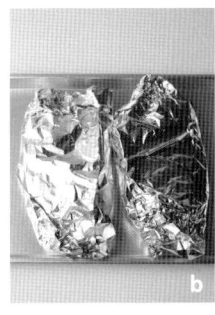

ほうろう製だから果実煮にも最適

甘味

栗の渋皮煮

加熱時間 70〜80分 ▼ 放置時間 1時間

できるだけ新鮮で大粒の栗を求めましょう。筋がきれいにむけなくても、下ゆでするときに自然に浮き上がってきますから大丈夫。

材料：作りやすい分量
口径22cmのラウンド
栗（大粒）……500g
重曹……小さじ¼
水……2½カップ
砂糖……200g
しょうゆ……小さじ2

1 栗は耐熱ボウルに入れ、熱湯をかけて冷めるまでおく（a）。粗熱が取れたら底のほうから鬼皮だけを丁寧にむく（b）。

2 なべに1を入れて、たっぷりの水とともに重曹を入れて中火強にかける。煮立ったら4〜5分ほど弱火でゆで、水を捨てて、新しい水を入れて中火強にかける。これを5回ほど繰り返して渋を抜く。

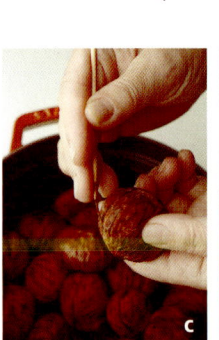

3 2の途中で栗がふやけてきたら、太い筋を竹串で取る（c）。最後に水にとってふやけた皮を指でこすって落とし、きれいにしてざるに上げる。

4 なべに分量の水と砂糖、しょうゆを入れて煮立て、砂糖がよく溶けたら栗を入れる。再び一煮立ちさせたら弱火にしてふたをし、30〜40分、充分やわらかくなるまで煮て、火を止めて冷ます。

■ 渋皮をむいてしまった場合は、すべてむいて、ご飯やリゾット、グラタンなどに。

■ 保存は汁気をきって冷凍用の保存袋に入れ、煮汁も別にして冷凍する。使うときに煮汁を一煮立ちさせ、足りなければ水と砂糖を足し、凍ったままの栗を入れて、5分ほどふつふつとした火加減で煮て解凍する。

82

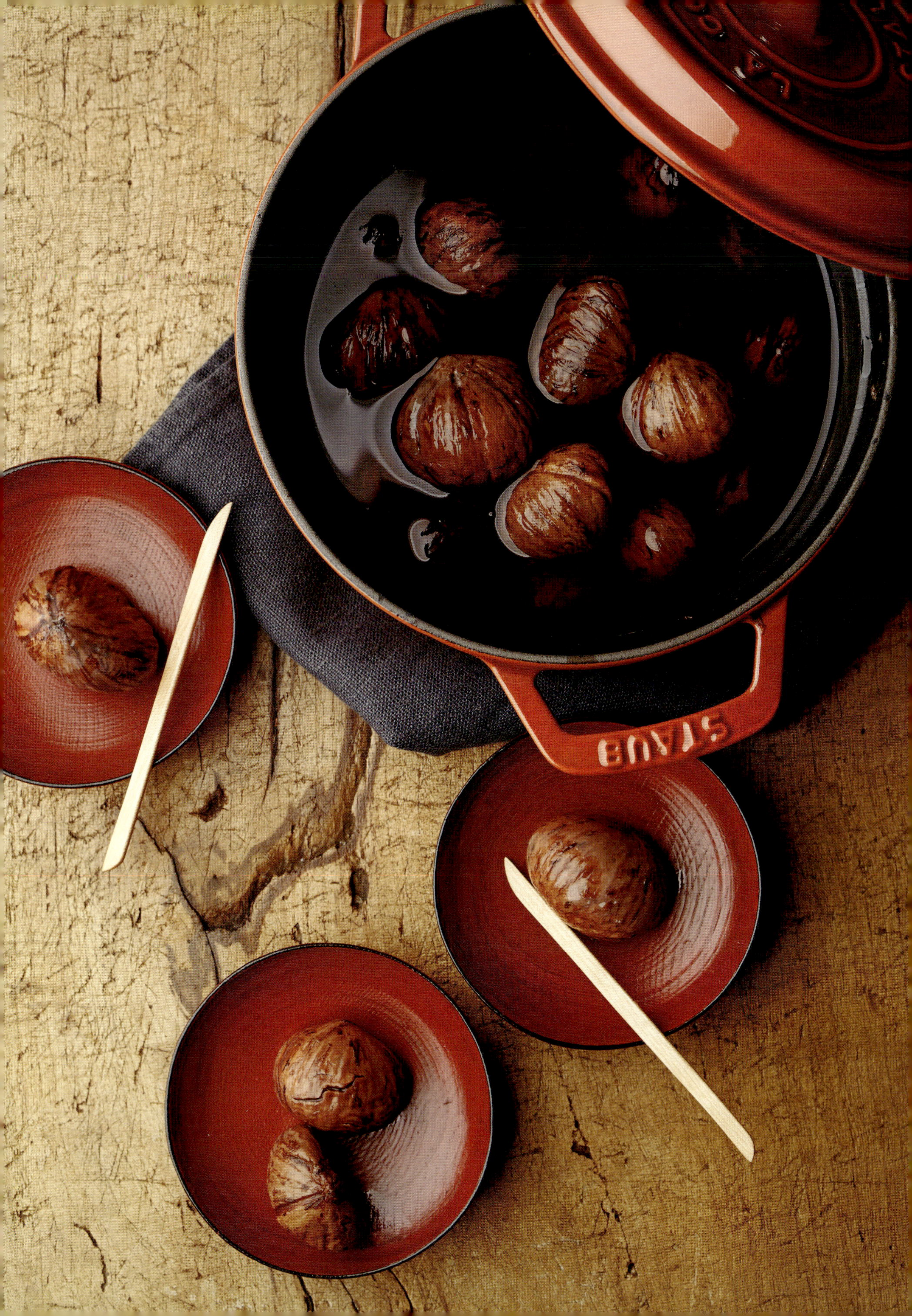
STAUB

桃ジャムと甘酒アイス

なめらかで香りのいい桃ジャムを「ストウブ」で煮て、酒かすを溶かしたアイスクリームにかけると格別の味。まず桃ジャムの作り方からご紹介します。

桃ジャム

加熱時間 16分

皮が赤く、完熟していない桃を選んで作ります。

1. 桃はよく洗って皮をむき、種を除いて1cm角に切り、なべに入れて砂糖を混ぜ、10分ほどおく。
2. しっとりしたらふたをして中火にかけ、煮立ったらあくをすくい、桃の皮を適宜加え(写真)、再びふたをして3分ほど中火弱で煮る。
3. ふたを取って出てくるあくをすくいながら、ときどき混ぜて10分ほど煮、レモン汁を加えて火を止める。
4. 熱いうちに煮沸消毒した瓶に入れて逆さまにし、冷まして冷蔵すると、半年ほど色よく保てる。

材料：作りやすい分量
口径22cmのラウンド

桃……3個(正味500g)
桃の皮(赤い部分)……少々
砂糖……80〜100g
レモン汁……大さじ1

甘酒アイス

1. なべに酒かす30g、砂糖大さじ1〜2を入れて火にかけ、混ぜながら煮溶かす。火を止め、冷まして密閉容器に入れ、冷凍庫に1時間ほどおく。
2. バットに市販のアイスクリーム240mlを入れて、1を加え、なめらかになるまで混ぜたら冷凍庫へ入れる。程よく固まったら桃ジャムをかけていただく。

いちじくの日本酒煮

加熱時間 23分

実割れしていないものを選び、静かに煮て形よく仕上げます。日本酒のうまみを含んだ大人の味。

1. いちじくは洗って軸を切り、たっぷりの水に1時間ほど浸して、あくを抜く。
2. なべに煮汁の材料を煮立て、一度火を止めていちじくを並べ入れる。再び中火にかけて煮立て、紙ぶたをして弱火で20分ほど、しんまでやわらかくなるまで煮る。
3. 2が熱いうちに煮沸消毒をした瓶に入れてふたをし、逆さにして冷ます(写真)。

・冷蔵保存で1年ほどもつ。
・煮汁は炭酸で割ったり、焼酎で割ったり、ゼラチンを加えてゼリーにしてもいい。

材料：作りやすい分量
口径24cmのラウンド

いちじく……小12個
煮汁
┌ 酒……½カップ
│ 水……1½カップ
│ 砂糖……180g
│ 国産レモン
└ (輪切り)……4枚

ゆずの甘露煮

加熱時間 8分

我が家のお正月の定番。
お重に詰めると彩りが鮮やかになります。

材料：作りやすい分量　口径24cmのラウンド

ゆず……大8個（1.2kg）

A ┌ 水……3カップ
　└ 砂糖……100g

B ┌ 水……3カップ
　└ 砂糖……300〜350g

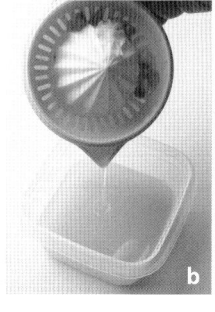

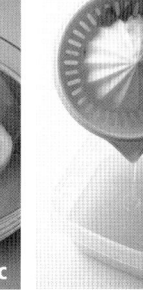

1. ゆずはよく洗って水気をふき、皮の表面をおろし金ですって薄く傷をつけ（**a**）、苦みを出しやすくする。
2. 横半分に切って種を取って果汁をしぼり（**b**）、薄皮を除く。
3. なべにたっぷりの水と2のゆずの皮を入れて火にかけ、煮立ったらゆでこぼし、水に浸す（**c**）。水を3〜4回取り替えて程よく苦みを確認する。
4. なべに**A**を煮立て、汁気をきったゆずの端を食べてみて苦みを確認する。なべに**A**を煮立て、汁気をきったゆずを入れてふたをし（**d**）、5分ほど煮て、そのまま冷ます。
5. 4の汁をきって**B**を煮立てた中に入れ、1分ほどふたをしないで煮て、好みのかたさになったら耐熱の密閉容器に移して冷ます。

・汁をきって食べやすく2〜3等分し、おせちには焼き魚の砂糖の添えにするといい。
・煮汁は紅茶の砂糖代わりにすると、香りがよくおいしい。

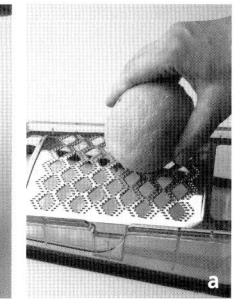

山芋のきんとん

加熱時間 19分

粘りのある大和芋を
じか蒸しにしてきんとんを作り、
ラップフィルムで茶巾絞りに。

材料：6〜7個分
口径20cmのラウンド

大和芋（正味）……300g
砂糖……60g

A ┌ 抹茶、砂糖
　└　……各小さじ1/2

1. 大和芋は皮をむき、1.5cm厚さの半月切りにして、大きく切ったオーブンペーパーにのせて包み、両端をねじってとめる。
2. なべに水1/2カップを煮立て、ふたをして**1**を入れ（写真）、ふたをして中火弱で3分、弱火で15分ほど蒸す。途中、水がなくなったら湯1/4カップ程度を加える。
3. 芋がやわらかくなったら耐熱ボウルに取り出し、マッシャーでつぶしてなめらかにする。ここに砂糖を加えてよく混ぜ、少量を取り出し、**A**を加えてよく混ぜる。
4. 粗熱が取れたら**3**を6〜7等分にする。一つをラップフィルムにのせ、上に抹茶入りのものを少しのせて、茶巾に絞る。残りも同様にする。

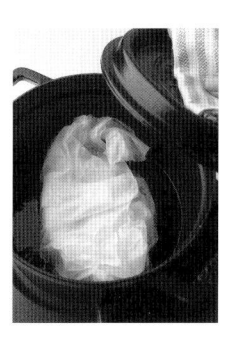

桃ジャムと
甘酒アイス
作り方84ページ

ゆずの甘露煮
作り方85ページ

いちじくの
日本酒煮
作り方84ページ

ゆずの甘露煮の副産物

化粧水
ゆずの種は瓶に入れ、ホワイトリカーを種の倍くらい入れて1週間ほどおくと、ゼリー状になる。全体を混ぜてハンドクリーム代わりに使う。料理の前につけても香りがよく、手もしっとりする。冷蔵保存する。

ぽん酢しょうゆ
ゆずのしぼり汁は同量のめんつゆ（3倍濃縮）で割ると、ぽん酢しょうゆとして使える。香りがいいので、オリーブ油を加えて和風ドレッシングにしてもよく、おひたしにかけてもおいしい。冷蔵保存する。

ゆずこしょう
1でおろし金に残った皮大さじ1に1/3量の塩と一味とうがらしを混ぜて冷蔵し、1日おくと、簡単ゆずこしょうができる。そばやうどんの薬味においしい。

山芋のきんとん
作り方85ページ

今泉久美

いまいずみ・くみ

1963年生れ。料理研究家。栄養士。女子栄養大学栄養クリニック特別講師。塩分摂取量や栄養のバランスに配慮したレシピに定評がある。本書は3冊目の「ストウブ」に関する料理書となる。前2作の『ストウブ』でいつもの料理をもっとおいしく!』『小さめの「ストウブ」で早く楽にもっとおいしく!』も、共に多くの読者の支持を得ている。

ホームページ
http://www.imaizumi-kumi.com

アートディレクション　昭原修三
デザイン　植田光子（昭原デザインオフィス）
撮影　木村拓（東京料理写真）
スタイリング　綾部恵美子
校閲　山脇節子
編集　浅井香織（文化出版局）

協力　ストウブ（ツヴィリング J.A. ヘンケルス ジャパン）
電話 0120-75-7155
http://www.staub.jp/

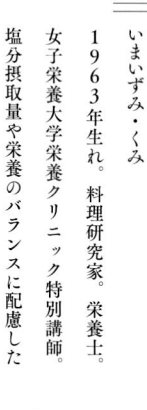

「ストウブ」で和食を！
早く煮えてうまみたっぷり

発　行　2015年10月18日　第1刷

著　者　今泉久美
発行者　大沼 淳
発行所　学校法人文化学園 文化出版局
　　　　〒151-8524　東京都渋谷区代々木3-22-1
　　　　電話 03-3299-2565（編集）
　　　　　　 03-3299-2540（営業）
印刷・製本所　凸版印刷株式会社
ⒸKumi Imaizumi 2015 Printed in Japan
本書の写真、カット及び内容の無断転載を禁じます。

本書のコピー、スキャン、デジタル化等の無断複製は
著作権法上での例外を除き、禁じられています。
本書を代行業者等の第三者に依頼してスキャンやデジタル化することは、
たとえ個人や家庭内での利用でも著作権法違反になります。

文化出版局のホームページ　http://books.bunka.ac.jp/